Pedro Calderón de la Barca

Entremeses

Barcelona 2024
Linkgua-ediciones.com

Créditos

Título original: Entremeses.

© 2024, Red ediciones S.L.

e-mail: info@linkgua.com

Diseño de cubierta: Michel Mallard.

ISBN tapa dura: 978-84-9953-732-0.
ISBN rústica: 978-84-9897-517-8.
ISBN ebook: 978-84-9953-132-8.

Sumario

Brevísima presentación

La vida

Pedro Calderón de la Barca (Madrid, 1600-Madrid, 1681). España.
Su padre era noble y escribano en el consejo de hacienda del rey. Se educó
en el colegio imperial de los jesuitas y más tarde entró en las universidades de
Alcalá y Salamanca, aunque no se sabe si llegó a graduarse.
Tuvo una juventud turbulenta. Incluso se le acusa de la muerte de algunos de
sus enemigos. En 1621 se negó a ser sacerdote, y poco después, en 1623,
empezó a escribir y estrenar obras de teatro. Escribió más de ciento veinte,
otra docena larga en colaboración y alrededor de setenta autos sacramentales. Sus primeros estrenos fueron en corrales.
Lope de Vega elogió sus obras, pero en 1629 dejaron de ser amigos tras un
extraño incidente: un hermano de Calderón fue agredido y, éste al perseguir
al atacante, entró en un convento donde vivía como monja la hija de Lope.
Nadie sabe qué pasó.
Entre 1635 y 1637, Calderón de la Barca fue nombrado caballero de la Orden
de Santiago. Por entonces publicó veinticuatro comedias en dos volúmenes
y *La vida es sueño* (1636), su obra más célebre. En la década siguiente vivió
en Cataluña y, entre 1640 y 1642, combatió con las tropas castellanas. Sin
embargo, su salud se quebrantó y abandonó la vida militar. Entre 1647 y
1649 la muerte de la reina y después la del príncipe heredero provocaron el
cierre de los teatros, por lo que Calderón tuvo que limitarse a escribir autos
sacramentales.
Calderón murió mientras trabajaba en una comedia dedicada a la reina María
Luisa, mujer de Carlos II el Hechizado. Su hermano José, hombre pendenciero,
fue uno de sus editores más fieles.

Personajes

Un Vejete
El Rey que rabió
Rufina
Marta con sus pollos
María
La dama quintañona
Luisa
Maricastaña
El Gracioso
Perico el de los palotes
Un Hombre al revés
Músicos

Las Carnestolendas

(Dentro el Vejete, Rufina, María y Luisa.)

Vejete	¡Rufinica, Rufina, Rufinilla!
Rufina	¿Hay tal rufincar? ¿Hay tal tarabilla? ¿Llamas, padre?
Vejete	En tu cuerpo, relamida.
Rufina	¿Qué menos digo yo?
Vejete	Así, raída. ¿a dónde estás, exenta?
Rufina	En esta sala. 5
Vejete	Venid, dame la capa noramala.
Rufina	Tómela vuesarced que ahí está puesta.
Vejete	Descarada respuesta. ¿Pullas me echáis, pedrada?

(Salen las tres tras del Viejo.)

Rufina	¡Ay, Señor, no hay que decir nada!	10
María	Padrecito del alma, lindo, hermoso...	
Luisa	Amo, galán de cuerpo y talle airoso...	
Rufina	Padrecito, almacén de Navidades...	

Luisa	Inventor del mantenga y el sepades.
María	Ansí tus años que son cuatro veintes... 15
Rufina	En Tetuán los cuentes.
María	Pues el cosquilloso tiempo nos convida de las Carnestolendas, por tu vida, que nos dejes hacer una Comedia.
Vejete	¡Miren pues que Riquelme ni que Heredia 20 para representar! Mejor sería gastar la noche y día en hacer su labor.
Luisa	Lindo regalo.
Rufina	Escupa, padre, que ha mentado el malo: vaya arredro, patillas, 25 La labor deste tiempo es casadillas.
Vejete	¿Yo gastar en Comedias mi dinero? ¡Para compraros de comer lo quiero!
María	Si licencia nos das que la estudiemos, a comedia y a agua ayunaremos. 30
Vejete	¡Oh, loco tiempo de Carnestolendas diluvio universal de las meriendas feria de casadillas y roscones, vida breve de pavos y capones y hojaldres, que al Doctor le dan ganancia 35 con masa cruda y con manteca rancia!

	Pues ¿qué es ver derretidos los mancebos	
	gastar su dinerillo en tirar huevos?	
Luisa	En esto su locura manifiestan,	
	que mejor es tirarnos lo que cuestan.	40
Rufina	¡Y cómo! Veinte huevos azareños	
	le cuestan veinte reales a sus dueños.	
	Tíranmelos y mánchanme un vestido,	
	quedo yo pesarosa y él corrido	
	sin alzar más cabeza en todo el día.	45
María	Pues ¿cuál querré yo más, por vida mía,	
	estas galanterías criminales,	
	o en dinero civiles veinte reales?	
Rufina (Aparte.)	(Luisa, agora es tiempo de lograr mi traza.)	
Luisa	Yo voy y a tu galán clavo esta maza.	50
(Vase.)		
Rufina	Mucho hay que temer estas contiendas.	
Vejete	No hay quien no tema en las Carnestolendas:	
	el capón tome muerte supitaña,	
	el gallo ser corrido en la campaña,	
	el perro, de la maza el desconcierto,	55
	las damas, de que el perro sea muerto,	
	las estopas de verse chamuscadas,	
	las vejigas de verse aporreadas,	
	la sartén si su tizne alguno pringa,	
	el agua que la sorba la jeringa,	60
	el salvado de andar siempre pisado,	

siendo a un tiempo salvado y condenado,
Cercadas nuestras ganas estos días
de ejércitos de mil pastelerías,
y tal hambre en el cerco padecemos   65
que hasta las herraduras nos comemos.

María   Mas todo, padrecito, se remedia.

Vejete   ¿Con qué, hijitas rollonas?

Las dos   Con comedia.

Rufina   De otro entretenimiento no gustamos.

Las dos   Comedia, como Iglesia, nos llamamos.   70

(Sale el Gracioso, con maza, tras Luisa, que se esconde detrás de Rufina.)

Gracioso   ¿A mi maza?

Luisa   ¡Socorro!

Gracioso   Picarona,
                        ia mí, convaleciente de fregona,
                        que sin valer dos habas,
                        hoy te enmoñas y ayer fregonicabas!
                        ¡Vive Dios! Si no fuera (no te espante)   75
                        porque no tengo cólera bastante,
                        que un disparate hiciera,
                        y con saber las calles, me perdiera.
                        ¿Yo con maza? ¿Soy mona? ¿A mi mamola?
                        ¿Tan despegado soy que me echáis cola?   80
                        ¡A mí cola! ¿he perdido alguna Cátedra?
                        ¿Soy escabeche que, vendido a solas,

	por un cuartillo más es todo colas?	
Luisa	Pues ¿qué le han hecho? Diga...	
Gracioso	Estregadera de cuanto barro hay en Talavera, ¡hacer pulpo a un cristiano!	85
María	A los cristianos de cuando en cuando los querría paganos.	
Gracioso	¿Paganos? ¿Qué decís?	
Rufina	Tonto sois vos que no paganos, sino paganós.	
Gracioso	Beso tus pies, que rabio por besallos, por ver si las deidades crían callos.	90
Vejete	Señor, perdone usté aquesta moza, que este tiempo en el cuerpo las retoza. y váyase con Dios. Cerrad aquí, ¡hola!, que no quiero pendencias por la cola. Que yo voy, pues con esto se remedia, a buscar quien os haga una Comedia.	95
Gracioso	¿Comedia ha dicho? ¡Pues no hablara antes! Comedia le daré y representantes, toda gente muy diestra.	100
Vejete	¿Búrlase vuesarced?	
Gracioso	Oiga la muestra...	

| Vejete | Tráiganle de almorzar, que darle quiero |
| | con que corte la cólera primero. |

(Vase Luisa.)

Gracioso	Pues primero, aunque esté representando,
	comeré y beberé de cuando en cuando, 105
	que soy hombre, por Dios, de digo y hago,
	tan presto represento como trago.

(Sale Luisa con un plato con algo y un jarro de vino.)

| Luisa | Aquí tiene usasted un desayuno. |

| Gracioso | Poca cosa, mas basta para uno. |

| María | ¡Ay cual zampa! ¡Jesús! ¿qué hambre es ésta? |

| Luisa | Parece que lo come por apuesta. |

| Vejete | Hombre, ¿comes o engulles? |

| Gracioso | Lindo chasco, |
| | pocas cosas, señor, nunca las masco. |

(Come aprisa y bebe.)

| María | ¿Niño se le hace el jarro? |

| Vejete | Darle un poco. |

| Rufina | ¡Qué bien que ensarta aljófares el mozo! 115 |

| Luisa | ¡Los tragazos que echa, Jesucristo! |

Gracioso	Pues lleve el diablo el que en la boca he visto ansí. Se me olvidaba de decillo, ¿ustedes no querrán un bocadillo?	
Vejete	¿Falta más que comer?	
Gracioso	Nada me sobra.	120
	Salga Prado Y empiece aquesta obra.	

(Agora ha de remedar a Prado con una décima o soneto.)

	Seca está la boca: quiero echar una rociada, que entre col y col, lechuga, dice un adagio en España.	125

(Bebe.)

Vejete	Lindamente le remeda.	
Gracioso	¡Muy bien!	
Rufina	¡Muy bien! En mi alma que le ha hurtado voz y acciones!	
María	A Prado le harán gran falta.	

(Pónese una barbilla y gorra chata.)

Gracioso	Sale un vejete arrugado, con barbilla, y gorra chata, tan temblona la cabeza como papanduja el habla,	130

y dice a dos hijas suyas:
«Por San Lesmes, por la lanza   135
de Longinos, que esta fiesta
las retoza a las muchachas
en el cuerpo, y de cosquillas
se concome la criada.»

Vejete   Esta habla es muy escura.   140

Gracioso   ¿Tiénela vusté más clara?
                  La garganta tengo enjuta:
                  rociemos la garganta.

(Bebe.)

Rufina   No sé yo de qué está seca,
                  estando tan bien regada.   145

(Pónese mascarilla y bonete colorado.)

Gracioso   Agora sale el negrillo
                  requebrando aquestas damas,
                  con su cara de morcilla
                  y su bonete de grana.
                  ¿Quelemole vuesancé,   150
                  Luisa, María y Rufiana,
                  que le demo colacione
                  que aquí la traemo gualdada,
                  mucha de la casamueza,
                  mucha de la cagancaña,   155
                  cagalón e cochelate,
                  calamerdos, merdaelada,
                  turo para vuesancé?

Rufina	¿A quién digo, camarada?
	Yo le perdona mi parte,	160
	que tan espesas viandas
	entre once y doce serán
	mejores para vaciadas,

(Toma una espada por el hombro, y el jarro en la mano, bebiendo a menudo.)

Gracioso	Ahora sale un finflón,
	o tudesco de la guarda,	165
	hablando mucho, y aprisa,
	y sin pronunciar palabra,
	con su tizona en la cinta,
	y en el jarro la colada,
	dice echando treinta votos,	170
	como quien no dice nada.

(Habla lo que quisiere a lo tudesco, y bebe, y luego hace que está borracho.)

	¡Jesús, qué bochorno! Quiten
	dese brasero las ascuas:
	¿dónde van tantas linternas?
	No mirarás como pasas,	175
	Judiguelo, hijo de puta,
	¡Por Cristo! Si no mirara
	que eres clérigo...

| Vejete | ¿Yo clérigo? |

Gracioso	Sí, clérigo tú y tu alma.
	¿A mí zancadilla? ¡Oh, perro!	180
	¡Qué donosa zangamanga,
	que paguen los tristes pies
	lo que la testa es culpada!

Allá va, cómante lobos,
vaya un sueñecillo, vaya,   185
pero téngole ligero,
no hagan ruido, camaradas.

(Échase a dormir.)

Rufina   Padre, cayó el pecador.

Vejete   Pues mientras que se levanta,
                        voy por un esportillero   190
                        que a su casa guíe la danza,
                        que en esto viene a parar
                        el que de beber no para.

(Vase, y levántase el Gracioso y habla en juicio.)

Gracioso   ¿Fuese el viejo?

Rufina   Ya se fue.

Gracioso   ¡Lo que me cuestas, ingrata!   195

Rufina   Más me cuestas tú, pues pierdo
                        por ti, mi hacienda y mi casa.

Luisa   ¿No miran que vendrá el viejo?
                        Váyanse ya, ¿qué se tardan?

Rufina   ¿Y el dinero?

María   Va en la bolsa.   200

Gracioso   ¿Y las joyas?

Luisa   En la manga.

(Vanse [todos] y sale el Vejete.)

Vejete   No se halla un esportillero
por un ojo de la cara.
¡Mariquita, tararira!
¡Rufinica, zarabanda!   205
¿A Luisica? ¡a esotra puerta!
Aún peor está que estaba:
Y mis joyas volavérunt.
¡Oh, comedor de mis arcas!
Que me robéis a mis hijas,   210
vaya con el diablo, vaya,
que eran prendas que comían.
Mas mis joyas... Arre, parda,
que estas cosas son del tiempo
del Rey que rabió en España.   215

(Sale uno con una corona, y una mano de mortero por cetro.)

Rey   Yo soy el Rey que rabió.

(Cantando como mojiganga.)

Si su hija te dejó,
su trabajo le costó,
y sus tragos al pobrete.
¿Qué los quieres? Anda, vete,   220
déjalos, avariento vejete.

(Repiten estos dos versos y bailan los dos.)

Vejete	¡Vive Dios, que el sonecillo
	hará bailar una tabla!
	Pero no se lo ha de haber
	allá con sus pollos Marta.	225

(Sale Rufina con sombrerete y mantellina y una mantellina y toca arrebozada.)

Rufina	Yo soy Marta con sus pollos,
	líbrame destos escollos,
	que yo te daré pimpollos,
	que te vuelvan mozalbete.
	¿Qué nos quieres? Anda, vete	230
	déjanos, avariento vejete.

(Repiten.)

Vejete	Después que nací, no he visto
	hija tan desvergonzada,
	Perico el de los Palotes
	no viniera más de chanza.	235

(Sale el Gracioso con una sotanilla, sembrada de palillos, de randas y palos de tambor.)

Gracioso	Perico el de los Palotes
	soy yo, no te me alborotes,
	porque de dos capirotes,
	serás de mis pies tapete.
	¿Qué nos quieres? Anda, vete,	240
	déjanos, avariento vejete.

Vejete	¿Qué antiguallas son aquestas?
	¿Qué es esto que por mí pasa?
	Parece que estoy en el

tiempo de Maricastaña.   245

(Sale Luisa con toca de viuda, y sombrerete, y, sayas enfaldadas, y con rueca hilando.)

Luisa   Veis aquí a Maricastaña
                 y sí metes más cizaña
                 como tuerzo esta maraña
                 el pasapán torcerete.
                 ¿Qué los quieres? Anda, vete,   250
                 déjalos, avariento vejete.

Vejete   Al revés anda ya el mundo.
                 ¡Por San Dimas! Que no falta
                 sino andar de hombres las hembras
                 y los hombres con enaguas.   255

(Sale un Hombre, la mitad mujer, y la otra mitad de hombre, puesto al revés, y andando hacia atrás.)

Hombre   Ves aquí un hombre al revés,
                 que sirvo en este entremés
                 de la cabeza a los pies
                 a los novios de sainete.
                 ¿Qué los quieres? Anda, vete,   260
                 déjalos, avariento vejete.

Vejete   Todas las sombras me siguen,
                 solo falta la fantasma
                 de la dama Quintañona:
                 mas hela aquí, no hace falta.   265

(Sale María, con gorra chata, cuellecito y ropa antigua, basquiña vieja, y escurrida.)

María	Esta dama Quintañona ni se afeite ni se entona, pero sirve de ponzoña a quien este ruido mete, ¿Qué los quieres? Anda, vete, déjalos, avariento vejete.

270

Vejete	¡Por Jesucristo, que temo que todos salgan con cañas y me tiren como a gallo: dicho y hecho, ¡Santa Eufrasia!

275

(Cantan todos.)

Todos	Al vejete, que de Cupido ya no le ofenden y abrasan las llamas ¡hucho-ho! que le curen las damas, ¡hucho-ho! que va corrido.

Vejete	Ya yo pasé mi carrera, ¿a dónde quieren que corra si se ha metido de gorra el novio en la madriguera?

280

Todos	¿Luego amor nunca te ha herido?

Vejete	Eso es andar por las ramas.

285

Todos	Uchoó que le corren las damas, uchoó que va corrido.

(Salen todos esta postrera vez con cañas, y banderillas de papel, coronas y capotillos pintados, como muchachos que van a los gallos y con varios instrumentos de la pandorga.)

Personajes

Don Lesmes
Negro
Don Tristán
Moro
Juana
Barbero
Don Gil
Hombre
Sastre
Trapera
Zurdo
Mondonguera
Dueña
Vecinos
Corcovado

Las Carnestolendas II

(Calle con entrada a la Casa de los Linajes. Salen Don Lesmes y Don Tristán.)

Don Lesmes	Don Tristán, ¿dónde vais tan enojado?

Don Tristán

A matar o morir desesperado,
don Lesmes, voy: y pues que sois mi amigo,
y no acaso os busqué, venid conmigo;
porque tengo de entrar en cierta casa   5
no muy segura.

Don Lesmes

                Sepa lo que os pasa,
y a lo que voy también.

Don Tristán

Ya habéis sabido
que a un mal gusto rendido
(que amor tal vez a lo peor inclina),
a Juanilla pasé de mantellina   10
a manto; a tafetán, de bocacíes;
de tú a don, de ramplón a ponlevíes.,
de picote a sedilla,
y de lámpara, al fin, a lamparilla.
Ésta pues, picarona,   15
en habiendo dejado mi persona
tan pobre como veis, y de mal talle,
me ha puesto de patitas en la calle.

Don Lesmes

¿Y deso os ofendéis? Pues ¿qué fregona
en viéndose alhajada, no desea   20
no ver a quien la vio, porque la vea
quien no la vio?

Don Tristán

              En efecto, yo he sabido

el galán, y no solo me ha ofendido
ella, pero él también, porque sabía
el ser ya doña Juana cosa mía.   25
Y así, voy a buscarle
con ánimo siquiera de matarle,
si a mi justa querella
donación entre vivos no hace della.
Sé que vive en la casa   30
que desta calle a esotra calle pasa,
cuyo corral es todo aposentillos
llenos de vecinillos;
por cuyas varias gentes,
de oficios y de estados diferentes,   35
tratos, usos, naciones y lenguajes,
la Casa se llamó de los Linajes.
Y por si acaso en mi semblante nota
algo la vecindad y se alborota,
no es bien hallarme solo: y pues mi amigo   40
sois y es esta la casa, entrad conmigo.

Don Lesmes   A todo trance tengo
                    de estar con vos; que con quien vengo, vengo.

(Lléganse a la puerta de la Casa de los Linajes.)

Don Tristán   Pues quedaos a esta puerta.

Don Lesmes   ¿Con qué orden?

Don Tristán   De no más que estar alerta.   45
                    Aquel es que en el patio se pasea.

Don Lesmes   Alerta quedo, y lo que fuere sea.

(Éntranse. Patio en la Casa de los Linajes. Sale don Gil.)

Don Gil   Hermosa Juana mía,
si me dijiste que hoy tu amor vendría
a verme, ¿cómo tarda?   50
Mas ¿cuándo no tardó bien que se aguarda?

(Salen Don Tristán y Don Lesmes: éste se queda a la puerta acechando.)

Don Tristán   Mucho me huelgo de haberos
hallado, señor don Gil.

Don Gil   No estaba perdido yo;
y si pensasteis que sí,   55
hubiéraisme pregonado,
y supiérades de mí.

Don Tristán   Ya lo hubiera hecho, a pensar
que había de hallar...

Don Gil   Decid.

Don Tristán   Quien diera por vos de hallazgo   60
un solo maravedí.
Esto no es del caso. Vamos
a lo que lo es.

Don Gil   Proseguid.

Don Tristán   Yo a la Juanilla de ayer,
doña Juana de hoy, serví;   65
y sabiendo vos que era
la dama de aqueste arfil,
me la habéis soplado.

Don Gil	Pues
	¿de qué os quejáis, si advertís
	que la dama que no come,
	se sopla?

(line 70)

Don Tristán	Aunque eso sea así.
	Quizá porque ella al Tristán
	dejó la hacienda en el tris;
	con todo, vengo a saber
	si acción tan baja, tan vil,
	haberse hecho con un sastre
	pudiera.

(line 75)

(Sale un Sastre, cosiendo.)

Sastre	¿Qué es lo que oí?
	Pues ¿qué tienen, seor hidalgo,
	los sastres, para decir
	que no se hiciera con vos
	lo que con ellos?

(line 80)

Don Gil	Oíd:
	que este caballero habla
	conmigo.

Sastre	También de mí;
	y vive Dios que si cojo
	una vara de medir

(line 85)

Don Tristán	¡Vara de medir, picaño!
	Vos debéis de presumir
	que con algún zurdo habláis.

(Sale un Zurdo, rebozado, con la espada a zurdas.)

Zurdo

¿Y qué tienen, me decid,
los zurdos, para que no   90
deba el mismo Belianís
hablar muy cortés con ellos?

Don Tristán

¿Qué han de tener más, si vi
que aun menos derechos son
que un corcovado?

(Sale un Corcovado.)

Corcovado   Mentís: 95
que un corcovado no puede
ser derecho; un zurdo sí.

Don Tristán   ¡Mentís a mí!

(Danse de palos.)

Don Gil   ¡Deteneos!

Don Tristán   ¿Qué es detenerme, si oí
lo que no sufriera un negro?   100

(Sale un Negro.)

Negro   Lo neglo, ¿sa gente ruin
que sufliera lo que vos
no pudiérades suflir?

Don Tristán   ¡Vive Dios, que si del turco
hablara, creo que aquí   105

el turco se apareciera!

(Sale un Moro.)

Moro
¿Qué vos del turco decir?
El turco ser gente noble;
que estar cativo y servir,
y más a siniora duca,   110
no ser infamia.

Don Gil
                                        Advertid
que estoy aquí yo... Y teneos
vos.

Don Tristán
Sí haré, pues me impedís;
mas no me las pele yo,
aunque viva años cien mil,   115
en bacía de barbero
(que es el potro más civil
del hombre), hasta que de todos
me vengue.

(Sale un Barbero, y tras él un Hombre, con paños y bacía, como que está
haciéndose la barba.)

Barbero
                                ¿Qué llego a oír?
¿Qué es eso de civil potro,   120
caballero?

Hombre
                        Hombre, no así
a media barba me dejes.

Barbero
¿Vos sabéis lo que os decís?
¡Metáfora de verdugo

32

con barberos!

Don Tristán	Acudid	125
	don Lesmes: ved que cercado	
	me veo de gente ruin.	

Don Lesmes   (Sin moverse de su puesto.)
               Dejaos dar; que alerta estoy,
               que es lo que me toca a mí.

Don Gil   Baste estar yo de por medio   130
               a vuestros cuartos os id.

Todos   Agradezca a Dios estar
               por medio el señor don Gil.

(Vanse el Sastre, el Zurdo, el Corcovado, el Negro, el Moro, el Barbero y el Hombre que salió tras él.)

Don Gil   Ya estamos solos: ahora
               vuestro duelo proseguid.   135

Don Tristán   Digo, pues, que yo a Juanilla...

(Sale Juana.)

Juana   ¿Quién dijo Juanilla aquí?
               Pero ¿quién había de ser
               sino un hombrecillo vil
               de pocas obligaciones,   140
               sin urbanidad y sin
               cortesanía ni modo,
               hombre pobretón, en fin,
               que ignora que doña Juana

me suelen llamar a mí?   145

Don Tristán   Pues ¿no te acuerdas, Juanilla,
                     de que yo te conocí
                     hija de una mondonguera?

(Sale una Mondonguera.)

Mondonguera   Cuando aqueso fuese así,
                     ¿hay persona de más sangre   150
                     que una mondonguera? Di,
                     deslenguado... Pero yo
                     sabré vengarme de ti.

Don Tristán   ¿Eres víbora o serpiente?
                     Y agradece no decir   155
                     dueña, que es más venenoso
                     animal.

(Sale una Dueña.)

Dueña   Hombre civil,
                     ¿dueñas tomas en la boca?
                     ¡A mi mano has de morir!

(Aráñanle las tres.)

Don Tristán   Aquesto es peor. ¡Don Lesmes!   160
                     A socorrerme venid.

Don Lesmes   Dejaos dar: alerta estoy,
                     que es lo que me toca a mí.

Don Tristán   ¿Oyes, pícara trapera?...

34

(Sale una Trapera.)

Trapera   ¿Qué tienen que ver, decid,   165
                       las traperas, bribonazo,
                       con vuestro duelo?

Don Tristán   ¡Ay de mí!
                       Si cuanto fuere nombrando,
                       al instante ha de venir,
                       a nadie ya nombraré.   170

Juana   Hará bien. Y pues aquí
                       tan defendida me hallo
                       en el poder de don Gil
                       no me canse. Y porque advierta
                       lo que tiene contra sí...   175
(Canta.)   ¡Ah de los Linajes!

Voces (Dentro.)   ¿Qué quieres?

Juana   Salid,
                       salid, porque vea,
                       si me da en seguir,
                       que en defensa mía   180
                       tiene contra sí
                       la gente que encierra
(Salen los de antes y un patio en Madrid.
otros vecinos y cantan.) Salid, porque vea,
                       si la da en seguir,   185
                       la gente que encierra
                       un patio en Madrid.

                       Fin

Personajes

Antón
Dama I
Dama II
Dama III
Aguilita, niña
Músicos

La casa holgona

Calle.

(Sale Aguilita, niña, delante y Antón, capigorrón llamándola, y ella tapada de medio ojo.)

Antón	Ojitapada niña, que la cara
	traes como candilón, con antipara,
	y con la nube dese manto eterno
	haces a tu hermosura Sol de invierno,
	dando luz tan escasa, que parece 5
	que estás a si amanece o si no amanece:
	descubre ese ojo y pon esotro alerta,
	que, vive Dios, que pienso que eres tuerta.

Aguilita	Aqueso no, que en la opinión me toca.	
Antón	Por eso tienes un baúl por boca.	10
Aguilita	Yo apostaré que ahora te desdices.	
Antón	Y un lomo de camello por narices.	
Aguilita	Con ellas te desmiento, majadero.	
Antón	Y las manos parecen de mortero.	
Aguilita	¿Tan malas son aquestas?	
Antón	Bella ingrata	15
	no trueques en menudos tanta plata.	
	Descúbrete por junto, niña mía,	
	y no me escondas la mercadería	

	ni esperes novedad como otros necios;	
	que son eternos, juro a Dios, los precios.	20

Aguilita	Abro la tienda, pues.

Antón	Eso me agrada.
	¿Hay color?

Aguilita	Sí, señor, y de Granada.

Antón	¿Hay albayalde?

Aguilita	No señor, que no se gasta,
	pero habrá solimán.

Antón	Aqueso basta.
	¿Hay miel, aceite, pasas y rasuras,
	cerilla, cardenillo y limas frescas,
	cabezas de carnero, vino tinto,
	calabazas, borrajas, huevos frescos?

25

Aguilita	Hay todo eso y más. Compre sin pena.

Antón	En el infierno esté tienda tan llena.
	¿Cómo te llamas?

30

Aguilita	¿Yo? Aguilita.

Antón	¡Ay, niña!
	El nombre tienes de ave de rapiña.
	¡Aguilita! Divórciome, aunque gruñas,
	que tras el pico enseñarás las uñas.

Aguilita	Licenciado, ¿qué importará enseñarlas,

35

	si no descubro presa donde hincarlas?
Antón	Yo soy un estudiante pobre y feo.
Aguilita	Pase adelante, que eso ya lo veo. ¿De qué nación?
Antón	Flamenco.
Aguilita	¡Ay, manifranco! Luego lo vide, en viéndole tan blanco.
Antón	Echáronme en naciendo en escabeche, y diéronme a mamar tinta por leche. ¿Hay más que preguntar?
Aguilita	¿Cómo se llama?
Antón	Antón, a quien tentó el demonio tanto.
Aguilita	[...] Más parece el tentador que el santo.
Antón	Pues si demonio soy, llevarte quiero.
Aguilita	Abrenuncio, Satán. Si no hay dinero, no tienes parte en mí.
Antón	¿Ya me conjuras?
Aguilita	Pues ¿qué tengo de hacer si veo figuras?
Antón	Guarda, Aguilita, no te gane el pico cualque avechucho en forma de aguilico.

40

45

50

Aguilita	No hará, que entre las uñas de mi brío al Sol del oro probaré si es mío.
Antón	¿Y si en dar no descubre algún quilate?
Aguilita	Soltarele, y caerá donde se mate. 55
Antón	Todo me agrada, el trato y la persona. ¿A dónde vives?
Aguilita	En la Casa Holgona.
Antón	Ésta es otra. ¿Qué dices?
Aguilita	Oye, amigo, sígame si lo duda.
Antón	Ya la sigo. ¡La Casa Holgona! Vive Dios, que pienso 60 dejarme buen humor en ella a censo.
Aguilita	Esta es la Casa Holgona.
Antón	¿Entraré dentro?
Aguilita	¿Quién se lo impide? Yo estoy en mi casa: ¡Ah de casa, ah de casa!

(Vase.)

Músicos	¿Quién es?

(Cantan, dentro.)

Antón   Otra es aquesta,
        en vísperas me vuelven la respuesta.   65

(Sala.)

(Salen los Músicos, por una puerta y por otra.)

Músicos (Cantan.)   ¿Quién llama a la puerta,
        hallándola abierta?
        ¿Quién llama? ¿Quién viene
        que así se detiene?
        ¿Qué quiere, qué busca en este lugar?   70
        ¿Por qué se retira, pudiéndose entrar?
        Entre si quiere, y se podrá holgar.
        ¡Ay qué elevado y suspenso está!
        Que si la casa es holgona,
        los dueños que tiene lo son mucho más.   75

(Vanse y sale una Dama.)

Dama I   Sea muy bien venido el licenciado:
        siéntese luego, que vendrá cansado.
        Quítenle ese sombrero y ferreruelo.
        Sudando viene: ¿trae algún pañuelo?
        Sí, en verdad: limpiarele el rostro bello.   80
        Tráiganle colación, si da para ello.
        ¿A ver?: un real de a ocho es en conciencia.
        ¡Hola! Conservas para su excelencia.
        Huélguese, huélguese.

Antón   Así tengas la ventura
        como me aliñas, pícara, la holgura.   85
        ¡El pañuelo, la capa y el sombrero
        con las costas pagadas en dinero

y el caudal hecho (¡ay, triste!) una ceniza!
¿Hay juez pesquisidor que haga tal riza,
cuando opinión y plus ganar intenta?   90
Esto no es Casa Holgona sino venta.

Dama I   ¿Ves que se huelga pues que dice chistes?

Antón   Voyme; que se me había allá olvidado...

(Sale la segunda Dama.)

Dama II   ¡Jesús! Pues ¿hase de ir si no se ha holgado?
                    ¡Qué cara, qué hermosura! ¿Qué te pones   95
                    para la tez del rostro, don Quijote?

Antón   Una muda de pez y de cerote.

Dama II   De leche son las manos, y aun la cara
                    es toda leche.

Antón   No hay quien me soporte:
                    soy el mayor lechón que hay en la corte.   100

Dama II   Enseñe qué es aquello que relumbra.

Antón   ¡La gatatumba! Es cierto diamantejo.

Dama II   Veamos, probarémele.

Antón   No puedo,
                    que el oficial me le clavó en el dedo.

Dama II   Yo sabré desclavalle.

Antón	¡Andando, pavas! 105 ¿No ves que en desclavándole, me clavas?
Dama II	Ten y tengamos pues.
Antón	Si haré, y en viéndole, volveremos al cántaro las nueces.
Dama I	No le des, no le des.
Antón	¡Jesús mil veces! Óyeme, holgona niña [...], ¿a quién digo? 110 ¿Conmigo levas?

(Sale la Dama III.)

Dama III	¿Qué le han hecho, amigo? Asiéntese, repórtese y escúcheme.
Antón	Asiéntome, repórtome y escúchela.
Dama III	¡Qué gracia tiene! ¿Cómo no le huelgan?
Antón	Porque en lugar de holgarme...
Dama III	¿Qué?
Antón	Me cuelgan. 115
Dama III	Pues ¡en la Casa Holgona!
Antón	Damas bellas, lo holgón viene a ser solo para ellas.

| Dama III | El corazón me deja lastimado, |
| | el bazo herido, el hígado llagado. |

Antón	¿Llagado? Deje: escuche aqueste cuento.	120
	En ciertas cañas que hubo en esta villa,
	sacó un galán pintada una esportilla
	en la adarga, y la letra decía: Gado,
	y todo junto: Es-por-ti-lla-gado.
	Mas cierta dama que lo vio, replica:	125
	«Aquella ¿es esportilla o esportica?
	Porque si es esportica y Gado el mote,
	quedará el cifrador de bote en bote.»

| Dama III | ¡Qué gracia que ha tenido! ¿Oyes, Francisca? |
| | Tráiganle con que beba. |

| Dama I | Luego vengo. | 130 |

(Vase.)

| Antón | Traigan que beba; que con qué, ya tengo. |

(Sale Aguilita, con bizcochos y la Dama I con vino.)

| Aguilita | Aquestos son bizcochos. |

| Antón | ¿Oís? ¿Qué digo? |
| | ¡Aguilita! ¿Sois vos? |

| Aguilita | Yo soy, amigo. |

| Antón | Amiga seas del diablo. |

| Aguilita | ¿Qué hay, cuitado? |

44

Antón	Antes no hay, que ya me lo han quitado.	135

Dama II	Coma.

Dama I	Coma usted.

(Cómense ellas los bizcochos.)

Aguilita	¿Por qué no come?

Antón	Porque se lo han comido antes que tome.

Dama II	Beba vuested el vino, que es famoso.

Antón	Aunque en ayunas el beber es yerro, vaya un traguito.

(Sale un Músico, arrebatándole el vino.)

Músico	Harale mal en cerro.	140

Antón	Guarde Dios a vuested por el cuidado de mi salud. Si a los que aquí han entrado regalan como a mí estas señoras, sacarán los estómagos bien mochos.

Dama I	¿A qué le supo el vino?

Antón	A los bizcochos.	145

Aguilita	Señor Antón, a los bobos de aquesta suerte los pesco.

Antón	Tendiste la red por trucha,
	y pescaste un abadejo.
Aguilita	Nunca haréis vos buena harina. 150
Antón	Sí haré, que en la tolva puesto
	tengo el alma candeal
	aunque es tan trechel el cuerpo.
Dama I	Ya que entró en la Casa Holgona,
	justo será que le holguemos, 155
	pues capa y sombrero ha dado.
Antón	Y ocho reales y un pañuelo.
	Cuenten como han de contar,
	pues la sortija no cuento.
Dama II	Pues vaya de letra y baile. 160
Antón	Casa Holgona de recreo.
(Cantan.)	
Músicos	En la Casa Holgona
	un capigorrón
	hasta los vestidos
	por despojos dio. 165
	El se ve rendido
	de aquel ciego dios,
	que con cada una
	le tiró un arpón.
	Cuando atento escucha 170
	que con dulce son,
	preguntado Anfriso

Celia respondió

Antón	Yo conozco una dama
	tan grande holgona,	175
	que por ver una danza
	fue hasta Lisboa.

Antón

Yo conozco una dama
tan grande holgona,   175
que por ver una danza
fue hasta Lisboa.

Aguilita

Pues yo sé de una moza
de aquesta villa,
que en habiendo ahorcado   180
ventana alquila.

Dama II

¿Cuáles son los holgones
más propiamente?

Antón

Los que están sin cuidado
de lo que deben.

Personajes

Juan Rana
Bernarda
Gil Parrado
La ronda
Músicos

El desafío de Juan Rana

(Salen Cosme y Bernarda.)

Bernarda   ¿Es hora de venir, marido, a casa?
¿[...] Esto en el mundo pasa?
¿Vos tan tarde a comer? ¡Pierdo el sentido!
Decid, ¿qué ha sucedido?
¿De qué estáis elevado?   5
¿Esto hacéis a tres meses de casado?
¿Descolorido vos y descompuesto?
Decidme, ¿es pesadumbre?

Cosme   No es más desto.

Bernarda.   ¿Qué tenéis? Que a escucharos me prevengo.

Cosme   Tengo honor y no sé lo que me tengo.   10
Hablad, y no calléis vuestra dolencia.
Mujer, [...] no traigo [...] sana la conciencia.
No os entiendo, marido. No me espanto,
Agora esto ha de ser: sacadme un manto
¿Para qué lo queréis? Rabio de enojo.   15
Impórtame [...] reñir de medio ojo.
Ya que de vuestras penas soy testigo,
¿con quién vais a reñir? Con un amigo.
¿Con un amigo? ¡Estoy de enojo ciega!
¿No veis que el más amigo es quien la pega?   20
Acabad de decillo,
que de esperallo estoy con tabardillo.
Pues yo, aunque no te alabo,
de lo que tengo en vos [...] estoy al cabo.
Sé que podéis decir, con mil placeres,   25
que en mí tenéis un molde de mujeres.

Esos son [...] los hechizos:
que diz que me ponéis algunos rizos.
¿Rizos a vos, esposo?
No lo habéis menester, que sois hermoso.   30
¡Qué cintura tenéis! Toma un higa.
Ya sé que soy galán, Dios me bendiga.
Pero dan en decir, que es lo que siento,
que os parezco mejor cuando me ausento.
Sois un terrón de necedad, marido.   35
Pues ya no lo seré, que me han molido.
¡A vos! No os espantéis que me alborote.
¿Vos molido? ¿Con qué? Con un garrote.
¿No conocéis, mujer, a Gil Parrado?
Pues tras haberme con un garrote dado,   40
solo porque yo so vuestro marido,
me dijo... ¿Qué cosa, decid? Que era sofrido.
Que erais sufrido os dijo en mi perjuicio.
Una locura tengo que es un juicio.
¿Con palo os dio que la honra tanto daña?   45
En fin, gracias a Dios, no fue con caña.
En fin, tontón, menguado,
que a mis ojos venís apaleado.
Cierto que la memoria tengo flaca,
pues no sé si era palo o [...] era estaca.   50
Santiguome de veros reportado.
Yo no, porque ya vengo santiguado.
Vos no os podéis vengar si vuestro brío
no le escribe un papel de desafío.
[...] ¡De vos me admiro!   55
Yo en el campo con nadie no me tiro.
Mirad, marido, cuanto a lo primero,
os habéis de calar bien el sombrero,
sacar la espada con gentil despecho,
entrar el pie derecho,   60

poneros recto, firme y perfilado...
¿Qué importa si él me pone de cuadrado?
[...] Luego, echalle un tajo con gran tiento,
recoger el aliento,
y con brío, que en vos no es maravilla,   65
¡zas! [...] tiradle a matar por la tetilla.
¿De suerte que he de entrar muy inhumano
con el pie que tuviere más a mano,
el sombrero encajado,
ponerme recto, firme y afilado,   70
entrar con tiento y ¡zas!, darle una herida?
¿Es más? Pues esto no lo erré en mi vida.
¿Y el atajo que os dije? En mi trabajo
no salir a reñir es el atajo.
Si no salís, he de volverme loca.   75
Desafiadle vos, que a vos os toca.
Venga recado de escribir, que quiero
desafiar por vos al mundo entero.

(Vase.)   Voy volando. Venid muy brevemente,
                     porque a pausas me viene el ser valiente.   80

(Sale Bernarda.)   Ya el recado está aquí. Pues mujer mía,
(Paséase.)   dobla el papel y hacelde cortesía.
                     Ya está, notad con brío.
                     Poned de buena letra: «Amigo mío...».

(Paseándose.)   La cruz se me olvidó. No es maravilla.   85
                     Poné una cruz con una lamparilla.
                     ¿Con lamparilla? Sois un mentecato.
                     Digo que la pongáis por si le mato.

[Continúa dictando.] «Por aquesta sabréis de buena mano
                     que soy vuestro enemigo más que hermano;   90
                     y aunque vos procuréis hacerme tiros,
                     de cualquier modo estoy para serviros.
                     Si bien Gila, mi esposa,
                     se ha sentido estos días achacosa.»

Marido, ¿qué decís? ¿Estáis jugando?   95
Es caso [...] cierto,

(Paséase.)

[Dicta.]
si Dios quiere, mujer, daldo por muerto.
«Y así sabréis por éste, amigo mío,
como plenariamente os desafío.»
¿Plenariamente vos? ¿Qué es lo que [...] veo?   100
¿No veis que riño yo por jubileo?
Por jubileo excusan las pendencias.
Pues por ello hago [...] mis diligencias.
Errado va el papel, marido, en todo.
Mujer, yo desafío de este modo: 105
«En campo os espero como un Marte».
¿Adónde he de poner? En cualquier parte.
Y si hallaros la suerte no dispone
¿qué hemos de hacer? Poned que me pregone.
Son las señas pequeñas.   110
Decid que yo le aguardo, por más señas,
en el campo esta tarde,
y acabad el papel con «Dios os guarde».
Este billete le escribiera un manco,
¿Ah, sí? Ponelde ahí mí firma en blanco,   115
y un real de porte le pondréis, que es treta,
y haced que le echen. ¿Dónde? En la estafeta.
Nada escribís, marido, que os importe.
Quiero que entienda que es papel de porte.
El coleto os poned para este aprieto.   120
Cuando voy a reñir, guardo el coleto.
Quedeos con Dios, mujer mía,

(Llorando.)
a reñir voy: sabe el cielo
que no lo puedo excusar.
¡Ah! ¡Cuánto dejaros siento   125

con achaques de viuda!
La reputación me ha puesto
en lance tan apretado,
que el honor es lo de menos.
Lo que os soplico, mujer,   130
es que llaméis al barbero,
y que tengáis prevenidas
estopas, hilas y huevos,
y que miréis por Juanico
que en fin, so su padre, puesto   135
que a tres meses de casado
me nació en casa de tiempo,
y adiós, que no puedo más.
Cobarde, villano, necio,
a enviar voy el papel,   140
y mirad que os aconsejo
que vengáis a verme honrado
o volváis a casa muerto.

(Vase.)   Por Dios, que esto va de veras,
no hay que dudar: esto es hecho.   145
¡Yo reñir, yo desafío!
De solo pensarlo tiemblo.
Pero, en fin, ello ha de ser.
Ya en la calle estoy: protesto
que tomara de partido   .   150
cien palos, real más o menos.

(Sale Gil Parrado con un papel en la mano.)

Este papel de Juan Rana
he tenido, mas ¿qué veo?
¿No es el que miro?

(Aparte.)   Cogiome

entre puertas. Esto es hecho.   155
Diga el muy tonto [...] menguado
¿cómo tiene atrevimiento
de desafiarme a mí?
Cierta opilación que tengo
fue la causa. ¿Cómo ansí?   160
Hanme dado por remedio
que haga ejercicio y que riña
para tomar el acero.
Sígame. ¿Dónde me lleva?
Al campo. Voy al momento   165
a prevenir la merienda.
Yo solo a reñir le llevo.
Es que ando buscando trazas
para matarle comiendo,
y ha de ser con un bocado.   170
Gracioso está. Saque presto
la espada y tire a matarme.
Usted piensa que es buñuelo.
Espérese, que según
mi mujer, he de entrar presto,   175
y he de echalle cierto atajo.
Pues ¿agora mira en ello?
Yo siempre en los desafíos
ninguna cólera tengo.

(Aparte.)   (Este es gallina. Probar   180
a ser yo valiente quiero;
[...] en efeto, he de reñir.)
(Riñen.)   ¿Qué aguarda? ¡Riña al momento!
¡Pues tome este pantuflazo!
¡Hombre, detente! ¿Qué es esto?   185
¿Tú eres Juan Rana? No soy

	sino un diablo del infierno.	
	¡Aquí de Dios, que me matan!	
(Sale la justicia.)	La justicia ¿qué es aquesto?	
	He reñido con cien hombres:	190
	los noventa y nueve huyeron,	
	y a éste, con la zambullida,	
	uñas abajo le he muerto.	
	¿Cómo, si está vivo? Habrá	
	resucitado de miedo.	195
	¡Venga a la cárcel al punto!	
	¿De cuándo acá ha dado en eso?	
	Esto de la valentía	
	por línea recta lo tengo:	
	¡aquí del Rey, que me prenden!	200
(Salen todos.)	De mi esposo son los ecos.	
	¿Qué es esto, marido mío?	
	¿Ya no lo miráis? Voy preso.	
	¿Por qué? Porque soy valiente.	
	Señores, si vale el ruego,	205
	dejalde, que es mi marido.	
	Ahora bien, por vos lo dejo.	
	Ea, pues acabe en baile	
	lo que empezó en prendimiento.	
(Canta.)	Por valiente a Juan Rana	210
	prenderle quieren.	
	Eso es lo que se saca	
	de ser valientes.	
	Ya es valiente Juan Rana,	
	ténganle miedo.	215
	Para cuando las ranas	
	tengan más pelo.	

Fin

Personajes

Don Pegote
Doña Quínola
Un paje
Un secretario
Un criado
Doña jimena
[Músicos]

Don Pegote

(Sale Don Pegote, un Paje con un papel, y un Secretario [y un Criado].)

Don Pegote   ¿Cuyo?

Paje   De mi señora doña Quínola.

Don Pegote   Celos serán, sí, pene y calle,
                    que gloria es el penar por este talle.
                    Es prodigio no visto, es cosa rara
                    ver las que mueren por aquesta cara.   5
                    Alabo su buen gusto: yo me gozo
                    de que todos me digan: ¡Qué buen mozo!

(Lee.)

                    «Sin duda, amigo [...] estoy casi preñada:
                    para cofietas, puntas y pañales,
                    con el portador me envi... me envi...»   10
                    ¿Hay tal envi? ¿Hay tal enfado?
                    De coraje el «envi» me ha cegado.
                    Dadme ¡hola! las muletas... de los ojos,
                    digo...

Secretario   Ya yo los traigo, los antojos.

Don Pegote (Lee.)   «Sin duda, amigo [...] estoy casi preñada: 15
                    para cofietas, puntas y pañales,
                    con el portador me envi...»
                    Por Dios ¡gentil empleo!
                    Los diablos lleven, amén, lo que yo leo.
                    Leed vos el papel, mi secretario.   20

Secretario (Lee.)   «Sin duda alguna, amigo, estoy preñada
para puntas, cofietas y pañales,
con el portador me enviad cien reales,
Doña Quínola.» Erudición sucinta.

Don Pegote [Al Paje.]   El nombre, calle y casa habéis errado,
porque en mi vida yo daré un cornado.   25

Paje   «A don Pegote» dice el sobrescrito.

Don Pegote   Errado está. Y tú, muy majadero,
si pensaste o creíste, plebeyote,
que ha de dar un ochavo don Pegote.

Paje   Los caballeros...

Don Pegote   Sí, ilos caballeros   30
tras dejarse gozar, darán dineros!

Paje   [...] A las damas...

Don Pegote   A las damas
tener buenas ausencias de sus famas,
corteses siempre, dalles del sombrero,
mas de las bolsas no, ni del dinero.   35

Paje   Los que son tan galanes...

Don Pegote   Deben menos
patrimonio al amor. ¡Qué gran locura!
Y yo no vivo, no con esa usura.

Paje   Nunca creí...

Don Pegote	Pues crea el muy barbón
	que en materia de dar soy un Nerón. 40
	Tanto, que por no dar a las señoras,
	si yo fuera reloj no diera horas;
	ni Pascua, por no dar ni buenos días,
	pésames, parabienes, bienvenidas.
	Aquesto observo yo, sin que haya yerros. 45
	Y si algo he dado, amigo, han sido perros.
Paje	No los nombre vuested, que son...
Don Pegote	Lo justo,
	que buena paga es gusto por gusto.
Paje	A mi ama diré...
Don Pegote	Cuanto aquí pasa,
	y que en mí resucita Don Tenaza. 50
Paje	No fue él tan observante.
Don Pegote	¿Replicaisme?
	Despejad, picarón, luego la sala,
	antes que yo os envíe noramala.
Paje	Para vuesa merced era el billete.
(Vase.)	
Don Pegote	¿Bufoniza también el alcahuete? 55
	¡Hola, de vestir muy presto, hola
	fámulos!
Un criado	Voy a traello.

[Vase.]

Don Pegote	Al momento;
	no espero en todo hoy verme contento.

Secretario	Pues ¿por qué, mi señor?

Don Pegote   Porque es agüero
que empiece el día con pedir dinero.   60
La picarona, e con gran despejo,
el parto me encajó en el billetejo.
Mas que para y que aborte por la ijada
mujer que es en pedir tan desalmada.
¡Cien reales de una vez, ciento, ciento!   65
¿Hay sed mayor, mayor atrevimiento?
¿Ignora lo que valen hoy cien reales?
Pues si uno solo yo gastar quisiera,
la Corte, el mundo mi serrallo fuera.

[Vuelve el criado.]   Dadme la espada, ferreruelo y guantes.   70
¡Qué mal servido estoy destos bergantes!
Pensé ver la tal Quínola esta noche,
y agora quiero ir. Pongan el coche.

(Vanse y salen Doña Quínola y Doña Jimena.)

Doña Quínola   Fingiendo, como dije, estar preñada,
le pegué a don Pegote una gatada.   75
Cien reales le pedí, y agora espero
con la respuesta traigan el dinero.

Doña Jimena   Doña Quínola, es hecho de discreta,
porque míseros lindos y habladores
han de pagar doblados los favores.   80

(Sale un Criado.)

Criado   Mi señor don Pegote en la antecámara
                  pide por mí licencia para veros.

Doña Jimena   Él te trae sin duda los dineros.

Doña Quínola   ¿Licencia en esta casa que es tan suya?
                  Decid que entre, Jimena, de aleluya   85
                  ponme la casa del cimiento al techo.
                  Por ella tiende alfombras y almohadas,
                  límpiame esos bufetes y esas sillas
                  y quema en el brasero dos pastillas.

(Salen Don Pegote y criados.)

Doña Quínola   Sillas, hola, presto, sillas mi Jimena.   90

Don Pegote   En cerro quiero hacer esta visita.
                  Ahorremos de parola y de cortejo,
                  que muero por hablar del billetejo.
                  Por mi vida y a fe de caballero,
                  ¿fue de burlas aquello del dinero?   95

Doña Quínola   Muy otro vienes de lo que pensaba,
                  pues creí, por albricias del preñado,
                  me pusieras al cuello una cadena...

Don Pegote   Ca... ¿qué? Diga, ca... ¿qué?

Doña Quínola   Cadena de oro.

Don Pegote   ¿Soy troglodita yo? ¿Soy turco o moro?   100

¿A qué cristiano, diga, en solo un día
se le piden cadena y cien reales?
¡Ay, ay, carita mía! ¿Quién pensara
que por dinero nadie te trocara?

Doña Quínola   ¡Qué gusto y qué sal tiene el Pegotillo!   105
                Baste la burla y el dinero venga.

Don Pegote   [...] ¿Qué dinero?

Doña Quínola   Amigo, los cien reales.

Don Pegote   ¡Cien reales a mí! ¿Hay mayor locura?
                Aqueso a un ginovés, abad o cura...
                Mas ¿qué cura, qué abad, qué ginovés   110
                las dará cien reales de una vez?

Doña Jimena   ¡Qué estreñido y mordido!

Doña Quínola   Mal le conoces:
                de caballero tiene solo el nombre.

Don Pegote   Antes todo, pues guardo mis dineros,
                que ansí se usan ya los caballeros.   115

Doña Quínola   Creo que das culebra y que te burlas.
                Dame el dinero.

Doña Jimena   ¡Ríndete, Faraón!

Doña Quínola   Dame los ciento.

Doña Jimena   Dalos, importuno.

Don Pegote	El verdugo los da sin faltar uno.
Doña Quínola	Bueno está. Daca, niño, daca, daca. 120
Don Pegote	Daca tras, niño, caca, caca. Lo dicho dicho; y basta, mis harpías, madres en el tomar, en pedir, tías.
Doña Quínola	(Aparte.) Esto va roto, hermana: oye aparte. Aqueste es un bufón de mala mano, 125 y loco: es fuerza, siendo un picarote, que todos le llamemos don Pegote. Mi dicho aprueba: y verás, hermana, cómo paga la burla su badana.
(Pícale con alfileres.)	¡Buena ha sido la burla, buena, buena! 130
Doña Jimena	Todo ha sido burlitas y quimeras.
Don Pegote	Pues agora lo digo más de veras.
Doña Jimena	¡Qué galán!
Doña Quínola	Eslo mucho, y gentilhombre.
Doña Jimena	Es muy discreto.
Doña Quínola	Y viste muy al uso.
Don Pegote	Si la verdad he dicho, infames brujas, 135 ¿por qué me dais tormento con agujas?
Doña Quínola	Dícenme que vusted usaba mudas.

Don Pegote	Mentido han, por la fe de caballero:
	las lunadas me ponen como harnero.

Doña Quínola	Sufra y calle; que los honrados sufren.	140

Don Pegote	Pues yo no sufro, no, que a ser sufrido,
	ya ocupara una plaza de marido.

Doña Quínola	¡Qué lindo fuera, pues, para un encierro!

Don Pegote	Bien vengado, tenéis, niñas, el perro.	
	El bullicio ostentad, dejad las tretas,	145
	que me parece que oigo castañetas.	
	Desfogad en guitarras, que en más justo.	

Doña Quínola	Pues lo paga tan bien, démosle gusto.

Doña Jimena	¿Qué baile quiere? Pida por la boca.

Doña Quínola	Mejor fuera pedir por las ijadas.	150

Don Pegote	Al diablo dé vusted esas probadas.
	Por mi contemplación luego se cante,
	aunque se pierda todo el consonante.

(Salen Músicos, tañen y bailan.)

Músicos	En un tono alegre	
	vuelven las mudanzas,	155
	que esto de lo grave	
	con poquito enfada.	
	Vaya de lo alegre,	
	de lo fino vaya,	
	y lo bullicioso	160

64

a los puestos salga.
Vaya en seguidillas,
pues que son sus gracias
las que dan el punto
a la miel colada.   165

Don Pegote   A las hembras convido
                  yo a no dar nada,
                  que no es poca ventura
                  ver esta cara,
                  que no es poca, etc.   170

                  Fin del entremés

Personajes

Villano
Un Alcalde
Vejete
Un Sacristán
Teresa
Una Criada
Un Soldado

El dragoncillo

(Salen el Gracioso de villano, Teresa, graciosa, y una Criada.)

Teresa	Huid, marido, que viene la Justicia con grande gente acá, y trae codicia sin duda de prenderos, cumplido el plazo ya, por los dineros que a Gil Parrado a deber quedasteis, 5 de aquellas negras tierras que comprasteis.
Gracioso	¿Y es verdad, mujer mía, que vienen hacia acá?
Teresa	¡Qué bobería! Pues si verdad no fuera, ¿para qué os lo dijera? 10
Gracioso	¿Fuera gran maravilla dejarla de decir por no decilla?
Teresa	Corred, pues, y meteos en sagrado.
Gracioso	Ya correré, mujer, que Dios loado, ligero so.
Teresa	Pues ¿cómo tan reacio 15 os estáis?
Gracioso	Como yo corro de espacio.
Teresa	Con esas necedades han entrado ya en casa, y no hay corral, puerta o terrado por donde os retiréis; y así, esconderos

| | es fuerza, si queréis preso no veros... | 20 |

| Gracioso | Decidme vos ¿adónde, |
| | cuando yo vengo y otro está, se esconde? |

Teresa	¿Malicias, mentecato?
	En aqueste pajar, por este rato
	os entrad, que quizá no caerá en ello.	25

| Gracioso | Para otra vez me huelgo de sabello. |

(Vase. Sale el Vejete con vara de alcalde.)

| Vejete | ¿Está en casa Parrado? |

Teresa	No, señor alcalde. Viendo que ha llegado
	el plazo de la deuda, retraído
	le hallaréis en la Iglesia.

Vejete	Necio ha sido,	30
	pues yo a esto no venía,
	sino a que sepa que una Compañía
	que de tránsito pasa,
	alojándola voy de casa en casa
	y a él le toca un soldado	35
	que esta noche ha de estar aquí hospedado.
	Entre, que aquí el furriel que quede manda.

(Sale un Soldado y vase el Vejete.)

| Soldado | ¡Gracias a Dios que ya llegó mi tanda! |

| Vejete | Adiós, soldado, que en buena casa queda. |

Teresa	No muy buena, pues no hay con qué le pueda 40 servir, ni aun con la cena que se suele.
Soldado	Señora patrona, no se desconsuele, que hecha a trabajos viene la persona.
(Aparte.)	(¡Por Dios que es así así la tal patrona!) Y con una ensalada, 45 un jamón, una polla, una empanada, unos rábanos y unas rajas de queso, y unas aceitunas, pan y vino, y de dulce algún bocado, como quiera lo pasa Juan Soldado. 50
Teresa	Pues Juan Soldado crea y se persuada que de todo eso hay solo la en-pan-nada.
Soldado (Canta.)	¿Qué importa que no tengas, patrona mía, más regalo, si tienes 55 esa carilla?
Gracioso	Pajar mío, pues miras decirla amores préstame [...] tu tranca para esta noche. 60
Teresa (Canta.)	¡Ay! que no se desvele, por vida suya, que es más sorda, aunque no oiga la que no escucha.
Gracioso (Canta.)	Si la tranca en la mano 65 quedito llego, hágolo por dar vado

a mi pensamiento.

Soldado (Canta.)   Pues aunque te [...] enojes
si falta cena,   70
pajaritos que vuelen
traeré a tu mesa.

Gracioso (Canta.)   De cenar le ha ofrecido,
vuelve atrás, tranca,
hasta ver donde vuelan   75
mis esperanzas.

Teresa (Canta.)   Pues me vende carocas
que yo no merco,
váyase noramala
que no le quiero.   80

Gracioso (Canta.)   ¡Que a mi esposa regalen
y ella no admita!
¿Quién ha visto, madre,
tan gran desdicha?

Soldado (Canta.)   Si es que desconfía   85
de que lo traiga,
ir y venir con todo
sabré en volandas.
Que aunque Juan Juanillo
solo me llamo,   90
bien saben que soy todos
la piel del diablo.

(Sale el Gracioso con una tranca.)

Gracioso   ¡Jesús mil veces! ¿Qué me ha sucedido?

Soldado	¿Quién es este pazguato?
Teresa	Mi marido,
	que tiembla cuando en casa ve alojado 95
	de cualquier Compañía algún soldado.
Soldado	No tenga ni recelos ni aflicciones,
	que es una Compañía de Dragones.
Gracioso	Hombre, ¿qué dices?
Soldado	Que es una Compañía
	de Dragones.
Gracioso	¡Ay, Virgen María! 100
	A retraerme vo.
Teresa	¿A mí me dejas
	a los Dragones?
Gracioso	Sin razón te quejas
	que a ti no te harán mal, que sois parientes.
Teresa	¿Parientes?
Gracioso	Sí, dragones y serpientes.
Soldado	Mas yo soy tan compuesto, 105
	tan santo, tan pacífico y modesto,
	que nada pediré.
Gracioso	Pues ¿si no hubiera
	cama en mi casa?

71

Soldado	En el pajar durmiera.
Gracioso	¿Si en ella no se hallara cena a esta hora?
Soldado	Sin cenar quedara. 110
Gracioso	Aquel que veis enfrente es el pajar; yo es fuerza que me ausente; y así, pues que me vo, dejar quisiera atrancada la puerta por de fuera.
Soldado (Aparte.)	(Con la tranca en la mano, 115 ¿quién no obedece el ruego de un villano?) Digo que soy contento: con pajar y tejado me contento, según vengo rendido.

(Éntrase el Soldado.)

Gracioso	Aquí he de ver un primor de gran marido. 120 La llave de mi honor, mujer, es ésta;
(Dale una llave.)	cátala aquí, no quiero más respuesta. Porque la confianza es la que más seguridad alcanza.
(Aparte.)	Tómala, cierra tú. (¡Oh, en esta ausencia, 125 no me muerdas, gusano, la conciencia!)

(Vase. Sale una Criada.)

Criada	¡Gracias a Dios, señora, que llegó de acabar de irse la hora!

Teresa	¿Qué importa, si ha quedado el dragoncillo ahí?	
Criada	Ya está cerrado, no hay que temer; y más, que está dormido.	130
Teresa	Mira quién hace en esa puerta ruido.	

(Sale el Sacristán, y trae en unas alforjas que trae al cuello todo lo que dicen los versos.)

Sacristán	Teresa de las Teresas, y aún de las Marías y Anas, Isabeles y Beatrices, Juanas, Luisas y Catalinas: apenas tu retraído marido volvió la espalda, cuando éntrome acá, que llueve. Pues ¿qué es eso? ¿No me abrazas? ¿Quid habet Domina mea?	135 140
Teresa	¿Qué quieres si tengo en casa un huésped?	
Sacristán	¡Hosped! ¿Quid est?	
Teresa	Un soldadillo, que acaban de alojar aquí esta noche.	145
Criada	¡Oh qué de poco te espantas! ¿Qué importa, si está cerrado en el pajar, con la tranca que esté o no [...]?	

Sacristán	Tú, Marica,	
	redidisti ad corpus almam.	150
	Pon la mesa, porque quiero	
	ir aliviando la carga.	
Criada	La mesa, vela aquí puesta,	
	con sus platos y su taza,	
	su salero y su candil.	155

(Ha de haber una mesa no muy pesada con manteles, unos platos, vaso, y salero, y un candil en un velador.)

Sacristán	Pues ves aquí una ensalada	
(Ensalada.)	que para italiana solo	
	le faltó venir de Italia.	
	Huevos duros para ella	
(Huevos.)	en el bonete se guardan.	160
	Una en-pan-algo está aquí,	
(Empanada.)	porque se hizo en mi casa,	
	que a ser en la del figón	
	no fuera sino en-pan-nada.	
	Con su jamón, una polla	165
(Jamón y polla.)	rellena, y salpimentada.	
	Rabanitos y aceitunas	
(Rábanos y aceitunas.)	para la postre no faltan.	
(Saca la bota	In pectore está la bota,	
del pecho.)	sede apud ego.	
Teresa	Sentada	170
	estoy, y asiéntate tú	
	también, Marica.	

(Dentro.)

Gracioso	¡Ah de casa!
Teresa	¡Triste de mí! ¡Mi marido!
Sacristán	¿Qué he de hacer?
Teresa	¡Ay desdichada que no sé!
Criada	Yo sí, todo esto 175 por esos rincones guarda.
Gracioso (Dentro.)	¡Ah de casa!
Criada	Cual dormida responde.
Teresa	¿Quién es quien llama?
Gracioso	El menor marido tuyo.
Criada	No es tiempo éste de demandas, 180 ponte debajo la mesa.
Sacristán	Para una trampa, otra trampa.
Gracioso [Dentro.]	¡Ah, de casa!
Criada	¡Ay! ¿Qué es [...] señor?
(Sale el Gracioso.)	
Gracioso	¿Tanto en esconderse tardan?

Criada	Señor, seas bien venido.	185
Teresa	¡Qué bien parece en su casa un hombre tras una ausencia!	
Gracioso	Y más ausencia tan larga...	
Teresa	¿A qué vuelves?	
Gracioso	¡Ay polilla del honor, y cuánto escarbas!	190
Teresa (Aparte.)	(¿No quitarás los manteles?	
Criada	Se viera si los quitara.)	
Teresa	¿A qué vienes?	
Gracioso (Va hacia el paño.)	Solo a esto. Muy bien puesta está la tranca. ¡Lo que hace hacer un marido de su mujer confianza!	195
Soldado (Dentro.)	¡Señor Patrón!	
Gracioso	¡Seo Soldado!	
Soldado	Sáqueme usté de esta jaula.	
Gracioso	¿Qué quiere, señor Soldado?	

(Abre el Gracioso la puerta y sale el Soldado.)

Soldado (Aparte.)	(Pues he visto cuanto pasa,	200

les he de cenar la cena
o me he de pelar las barbas.)
Porque le sentí llamé;
ya dormí, y como la gana
del dormir se fue, se vino   205
la de cenar.

Gracioso   Pues no hay nada.

Soldado   No se aflija. No lo pido,
que si un secreto me guarda
yo haré que cenemos todos.

Gracioso   Como él no se me vaya   210
yo lo guardaré muy bien.

Teresa   Y las dos. ¿Qué es lo que traza?

Soldado   Pues como los tres me ayuden,
yo haré que venga en volandas
aquí la cena.

Gracioso   ¿Qué habemos   215
de hacer?

Soldado   La señora ama
ha de alumbrar con la luz
y alcanzarlo la criada.
Y el Patrón me ayudará
al conjuro.

Gracioso   ¡Eso no, guarda!   220
¿Yo conjuro?

Soldado	¿Por qué no, si linda cena le aguarda?
Gracioso	Eso de cena es el diablo. Vaya por mi parte.
Soldado	Vaya. Ten tú el candil, y tú, alerta 225 y hacer lo que se les manda.
(Aparte.)	(Porque si no han de escuchar como el dragoncillo canta.)
Teresa	Obedecer es forzoso.
Soldado	Alumbra bien, que las caras 230 nos hemos de ver porque todo lo que hiciese, haga.

(Toma el candil Teresa, y el Soldado hace como que conjura, y el Gracioso hace las mismas acciones, y la Criada va trayendo lo que escondió.)

Soldado	Quiririn quin paz.
Gracioso	Quirírin quin paz.
Soldado	Quiririn quin puz. 235
Gracioso	Quirírin quin puz.
Soldado	Aquí el buz.
Gracioso	Aquí el buz.
Soldado	Aquí el baz.

Gracioso	Aquí el baz.	
Soldado	Tras.	
Gracioso	Tras.	
Soldado	Tris.	
Gracioso	Tris.	
Soldado	Tros.	
Gracioso	Tros.	
Soldado	Trus.	
Gracioso	Trus.	240

Soldado   Quirilín quin paz, quirilín quin puz.
¡Oh tú, que estás encerrado
(el dónde yo me lo sé),
ven de un bufete cargado,
y mira que quiero que   245
no venga desmantelado!
A mi mandado
de obedecer no te alteres,
porque te diré quién eres,
y saldrá el enredo a luz.   250
Aquí el buz.

Gracioso   Aquí el buz.

Soldado   Allí el baz.

Gracioso	Allí el baz.
Soldado	Tras.
Gracioso	Tras.
Soldado	Tris.
Gracioso	Tris.
Soldado	Tros.
Gracioso	Tros.
Soldado	Trus.
Gracioso	Trus.
Soldado	Aquí el buz.
Gracioso	Allí el buz. 255

(Viene el Sacristán debajo de la mesa andando con ella.)

Sacristán (Aparte.) (¡Que haya yo de obedecer!

Teresa ¡Y que yo de alumbrar haya!)

Gracioso ¡Ay señores! ¿Qué es aquesto?
¡Por su pie la mesa anda
y puesta y todo!

Soldado ¡Chitón,   260

y no del cerco se salgan!
¡Oh tú, que de una empanada
sabes, y de una ensalada
a dónde escondida está!
A este rincón donde va   265
dásela a aquesa criada.
Y tú, que me oyes con pena,
pon en esotro rincón,
como si fuera alacena
un pedazo de jamón,   270
y alguna polla rellena,
y sea muy buena.
Mira que si no lo es,
o de tajo o de revés
haré en tu cara una cruz.   275
Aquí el buz, etc.

Criada   Sin ver quién, allí me han dado
                ensalada y empanada,
                polla rellena y jamón.

Gracioso   ¿Dónde diablos te lo hallas?   280

Teresa (Aparte.)   (Yo bien lo sé.

Sacristán   Y aun yo, y todo.)

Soldado   Ahora lo mejor falta.
                ¡Oh tú, que buenas fortunas
                echas en espuerta rota
                por las Estigias lagunas!   285
                Trae rábano y aceitunas,
                pan y queso, y una bota,
                y no esté rota.

	Porque si esto no me das,	
	irán tras ti un zis y un zas	290
	como trueno de arcabuz.	
	Aquí el buz, etc.	
Criada	Ya está aquí cuanto ha nombrado.	
Soldado	¿Basta esto, Patrón?	
Gracioso	No basta,	
	porque ¿esto qué es si no trae	295
	todo un menudo de vaca?	
Soldado	Pues va de menudo. ¡Oh tú...!	
Teresa (Aparte.)	(¡Hombre del diablo, repara	
	que no hay más!)	
Soldado	Dice el Demonio,	
	que aquí al oído me habla,	300
	que comamos ahora esto	
	que después, si hiciere falta,	
	traerá lo demás.	
Gracioso	Comamos.	
Soldado	Los cuatro, amor y compaña,	
	nos lleguemos.	
Gracioso	¿Y es seguro,	305
	seor Soldado?	
Soldado	¿Eso extraña?	
	Para quien estaba hecho	

lo diga...

Sacristán (Aparte.)   (Para mí estaba
y así yo quiero decirlo.)

(Alcanza el Gracioso qué comer, y el Sacristán, que está debajo de la mesa, se lo quita.)

Gracioso   ¡Ay, ay, que me arrebatan   310
la comida!

Soldado   Calle y coma.

Gracioso   Otro es quien come y quien calla.

Soldado   No se meta ahora en eso,
ahí es un camarada.

Gracioso   ¡Por Dios él sea quien fuere,   315
que la polla está extremada!
¿No hay vino?

Criada   Aquí está la bota.

Soldado   Límpiese. Harele la salva.

(Va a beber el Gracioso, y el Soldado le quita la bota, y luego el Sacristán.)

Gracioso   ¡Ay que me llevan la taza!

Soldado   Ya se la vuelven.

Gracioso   Tizona   320
fue aquélla si ésta es colada.

83

Por más vuelve.

Soldado	Venga acá. ¿Es mucho si hay quien lo traiga que haya también quien lo coma?
Gracioso	No por cierto, ni aun no nada. 325
Soldado	Ahora, pues ya hemos cenado, el mejor postre nos falta que es ver a quien lo ha traído.
Teresa	Hombre del diablo, ¿qué trazas?
Gracioso	Yo no he de verlo.
Teresa	Ni yo. 330
Soldado	¿Pues no le hemos de dar gracias?
Gracioso	Yo no soy agradecido.
Teresa	Y yo siempre he sido ingrata.
Soldado	¡Oh tú, que diste la cena, licencia doy de que salgas, 335 y dando un gran estallido por donde viniste, vayas!
Sacristán	Eso solamente haré yo de bonísima gana.

(Sale de debajo de la mesa el Sacristán, y lleva un cohete cebado, y dando el trueno, apaga la luz, y danse golpes unos a otros.)

84

| Gracioso | ¡Jesús, mil veces Jesús! | 340 |
| | ¡La luz del candil se apaga! | |

| Sacristán | Deste soldadillo tengo | |
| | de vengarme. | |

| Gracioso | ¡Ay que me matan! | |

| Sacristán | A buen bocado, buen grito, | |
| | Soldadillo, ¿dónde andas? | 345 |

| Soldado | Aquí. | |

| Sacristán | Pues toma. | |

| Gracioso | No toma sino mi espalda. | |

| Teresa | Yo me voy a mi cocina. | |

| Criada | Yo debajo de mi cama. | |

| Sacristán | Yo me voy a mi produndis. | 350 |

| Soldado | Y yo a mi Cuerpo de Guardia. | |

Gracioso	Y yo a mi guarda de cuerpo.	
	Y pues nadie a escuras baila,	
	a buscar un baile voy	
	que sirva de mojiganga.	355

Personajes

Unos franchotes
Un Alcalde
Un Escribano
Una Franchota

La franchota

(Salen el Alcalde y el Escribano.)

Escribano   Señor alcalde...

Alcalde   Hombre, ¿qué me quieres?

Escribano   Quiérole más que al oro las mujeres.
                     Señor alcalde...

Alcalde   ¿Qué me quieres, hombre?

Escribano   Quiérole más que título a su nombre.
                     Señor alcalde...

Alcalde   ¿Qué me quieres? Dilo...   5

Escribano   Quiérole más que crítico a su estilo.
                     Señor alcalde...

Alcalde   ¿Qué quieres?, que me aguas...

Escribano   Quiérole más que dama a sus enaguas.
                     Señor alcalde...

Alcalde   ¡Al buen Jesús pluguiera
                     que a ser alcalde nunca yo viniera,   10
                     pues que sin mí pudo pasar la villa
                     así pasara yo sin tarabilla!
                     Y porque de pasearme
                     dejes [...] juro a Dios que he de sentarme
                     aunque sea en el suelo.   15

Escribano	Quédese usted con Dios.
Alcalde	Guárdeos el cielo.

Alcalde

                                                  Guárdeos el cielo.
Pero volved acá... ¿Para qué ha sido
lo que me habéis corrido y recorrido?

Escribano   Vine a sacarle hoy de un gran cuidado.

Alcalde   ¿Por qué no me sacáis?

Escribano   Se me ha olvidado.   20

Alcalde   ¿Hay casos semejantes?
¿Pues no se os olvidara un poco antes,
y no después que me tenéis molido?

Escribano   ¡Ah, sí! ¡Válgame Dios! Ya sé que ha sido...
Señor alcalde...

Alcalde   Mira que me caigo,   25
acaba ya.

Escribano   Un soplo que le traigo
de una prisión muy rara.

Alcalde   Y el soplo ¿es a traición, o cara a cara?

Escribano   No sea mentecato...

Alcalde   Decid si lo oleremos de aquí a un rato.   30

Escribano   Al lugar ha venido
sin saber quién ha sido,
una tropa de hombres y mujeres.

Alcalde	Pues bien ¿qué importa? Hombre ¿qué me quieres? ¿Será bien que interrompa 35 un alcalde que jueguen a la trompa?
Escribano	Hay muchas opiniones de que éstos son grandísimos ladrones; Porque ni [...] son ingleses, ni alemanes, ni turcos, ni irlandeses, 40 ni esguízaros, ni medos, ni romanos ni cantones, ni persas, ni italianos, ni se les sabe [...] patria, estado y nombre.
Alcalde	Pues tanto que mejor. Déjame, hombre.
Escribano	Importa mucho...
Alcalde	¿Qué?
Escribano	Reconocellos 45 y saber luego dellos; quién son, y dónde van, y cómo y cuándo; que no es bien que cantando anden por el lugar con tanta nota una lengua franchota 50 en que tales gabachos piden limosna, y llámanlos borrachos.
Alcalde	¿Eso pasa? [...] Vamos luego al punto a saber todo junto, quién son, y dónde van, y cuándo y cómo: 55 ¡Verán si alcalde so de tomo y lomo!
Escribano	Helos aquí, que vienen ya cantando.
Alcalde	Más parece que vienen rebuznando.

(Salen los Franchotes [cantando].)

Franchotes   Si yo me vach en Fransa
la sopa de lesú,   60
si yo me vach en Fransa
no tornaré ma piú.

Escribano   Llegad ya.

Alcalde   Sí haré, pero primero...

Escribano   ¿Qué? [...]

Alcalde   Rogaros quiero
que no me den con algo.   65

Escribano   Llegad: yo quedo aquí, que a todo salgo.

Alcalde   ¡Ay qué bellaco encuentro!
¿Qué importa quedar vos, si yo me entro?

Franchotes   Si yo me vach en Fransa
la sopa de lesú,   70
si yo me vach en Fransa
no tornaré ma piú.

Escribano   Llegad [...].

Alcalde   ¡Jesús, y qué visiones!
Escribano, ¿entendéis estas canciones?

Escribano   Yo no.

Alcalde	Yo sí.
Escribano	Qué dicen ver pretendo. 75
Alcalde	No sé qué dicen, pero bien lo entiendo.
Escribano	Llegad ya.
Alcalde	¿Ya no llego?
	Mis señores chanflones, decí, os ruego,
	quién sois, y dónde vais, y cómo y cuándo:
[Aparte]	(¡lo que puede un alcalde pescudando!) 80
Franchota	Yo [...] responderé por nostra xente,
	mío alcaldo.
Alcalde	¡Ay, señores, qué franchota!
	En el alma me bulle la chicota
	turbar hiciera a Bartolo y Baldo:
	¡mire allí con la sal, que por alcalde dijo alcalde! 85
Franchota	Y yo, y los peregrinos compañeros
	andamo ura pobres Estranxeros,
	vedendo Monserratos e San Iaco.
Alcalde [Al Escribano.]	Vos sois un grandísimo bellaco.
	pues decís que ladrones 90
	son, y van a rezar sus devociones,
	y sin ningún desgarro
	monos herrados beben en su jarro.
Franchota	¡Bene mío, el mío cor...!
Alcalde	¡Ay mentecato

de mí!

Franchota	Vos sois el mío cor asucarato.	95

Alcalde   Tan triste estó, que de contento lloro;
en fin ¿Yo so su cucharón y coro?

Franchota   E ¿qué vulite de me?

Alcalde   Franchota hermosa,
¿bollos de miel decís?, ¡qué linda cosa!

Escribano   Preguntad de qué vive.

Alcalde   El diablo os tome: 100
¿No es forzoso vivir de lo que come?
Mas por volver a hablalla sin dar nota,
se le he de pescudar. ¡Ay, qué Franchota!
¿De qué vivís? Decid...

Franchote   No entender niente.

Alcalde   ¿Veis? ¿No lo dije yo? De untar el diente,   105
¿De qué pasáis la vida?

Franchota   ¡Oh bagatela!
De cantare cantiña tarantela.

Alcalde [Al Escribano.] Sois un pícaro vos...

Escribano   ¿Qué os alborota?

Alcalde   En decir que es ladrona. ¡Ay qué Franchota!
Tan vertuosa niña,   110

	y tarantola, y cántaro con tiña.	
Franchota	¡Ay, que no me hay entiso!	
	Que no es aquiso, frate, sino aquiso:	
	Adote música y la tarantela,	
	desota la polé de la Gonela.	115
	A lo mar, y a lo mar,	
	que salta tú si vui saltar.	
	A lo mar chico dexoya	
	folla capucha cocucetona,	
Alcalde	Basta, que la cabeza tengo rota.	120
Franchota	Que ésta es la tarantela.	
Alcalde	¡Ay, qué Franchota!	
Franchota	Si vole Vuseñoría	
	cualque altra cousa de la vita mía,	
	diga cualque parola.	
Alcalde	¿Quién se vio en semejante carambola?	125
	¿qué me quieres decir?	
Franchota	Que aquesta dona	
	de la vostra persona	
	esquiava es, esquiavuza y esquiavota,	
	y esquiavaza también.	
Alcalde	¡Ay, qué Franchota!	
	Pero no ha de salirle muy de balde,	130
	porque ¿so alcalde, o no so alcalde?	
	¿Qué más tenéis que hacer en esta villa?	

Franchota	El lantururú.
Alcalde	¿Qué es esto, tarabilla?

Franchota

[Canta y baila.]

Si no me avite entiso
el lantururú es aquiso: 135
Monsiur de la Valeta,
¿por qué me mata vuy,
si so tan bon soldat
en la guerra cuanto tú?
Lanturulú, lantantú.   140

Alcalde

Yo he de morir si dura esta chacota.
De aquí todos os id. ¡Ay, qué Franchota!

Franchota
(Vanse los Franchotes.)

Fuchite tuti, que aquisto alcaldo
nos volite matar.

Alcalde
[Asiéndola.]

          Vos huís en vano
teneos a la justicia,
que no os ha de valer vuestra malicia.
Y vos id a seguillos, tarabilla,
nenguno se nos vaya de la villa.

Franchota

Core mio belo, mia vita, bene mio;
decame ir libre,   150
sinacho culpa,
¿empender si te gano?

Alcalde

          ¡Ay, que Franchota!
aunque más os remilguéis
con franchotes arrumacos,
vos no os habéis de ir de aquí,   155
presa habéis de estar en tanto

que yo entienda vuessa lengua,
y que sepa cómo y cuándo.

Franchota   ¿Cómo qué? Alcalde, alcaldillo,
alcaldote, y alcaldazo.   160
Vos no sabéis quién soy yo
pues que os atrevéis a tanto.
No hagáis que llame un gigante
de los que conmigo traigo,
que sin qué ni para qué   165
os mate a coces, y a palos.

Escribano   Señor alcalde, ya todos
los franchotes han volado.

Alcalde   ¡Pues vos pagaréis por todos!

Franchota   ¡Pietá, pietá, per Dio Santo!   170

Alcalde   No hay pietá, que no es bien
me deis en tan breve espacio
en irlandés los favores,
las coces en castellano.

Franchota   Pues si aquesto no volite,   175
por el aire iré volando.

Alcalde   No harás, que primero yo
te sabré tener del faldo,
si aquí no me desenojas,
haciendo un baile extremado.   180

Franchota   Tenga, que yo lo haré así,
pues ya salen a ayudarnos.

Personajes

Lorenzo
Tres galanes
Inés
Un Valiente
Un Vejete

Guardadme las espaldas

(Salen Lorenzo y el Vejete.)

Vejete	Ceguezuelo rapaz que me desvelas.
	¿A la vejez viruelas?
	Agora el corazón me has traspasado
	y me tienes de Inés enamorado,
	y por mostrarte en mí más riguroso 5
	haces que esté celoso,
	porque ella, tan liviana, se permite
	que a cuantos hay en el lugar admite.
	Mas yo pienso decille a su marido
	lo que pasa, y que mire por su casa. 10
	Y deste modo, en tantos desconsuelos,
	remediará mis celos con sus celos,
	y me pienso quedar dueño absoluto
	de Inés, y de mi amor coger el fruto,
	porque yo le he criado, 15
	y de mí siempre vive asegurado.
	Mas no sé si ha de hacer lo que conviene
	porque ¡es tan grande tonto! Pero él viene:
	¡Oh, Lorenzo! Tú seas bienvenido.

Lorenzo	Déjame, porque vengo divertido. 20

(Mirándose las manos.)

Vejete	¿Qué te miras la mano y qué señalas?

Lorenzo	Cierto que hay en el mundo cosas ralas.

Vejete	Yo no puedo entender lo que te elevas.

Lorenzo	Cada día ve un hombre cosas nuevas.
Vejete	Pues dime qué es sin que el dudar me cueste. 25
Lorenzo	Que aqueste dedo es más chiquito que éste.
Vejete	¿Ahora sales con eso, di, menguado?
Lorenzo	Hasta ahora no lo había reparado.
Vejete	Deja esas boberías, por tu vida,
	y advierte que la honra por lo menos 30
	te ha de decir lo que avisarte quiero,
	y es un caso tan grave y tan severo
	que nadie lo ha de oír al referillo.
Lorenzo	Pues yo me voy si nadie no ha de oíllo.
Vejete	Tú sí lo has de escuchar, porque te toca, 35
	mas no lo oiga la gente impertinente.
Lorenzo	¡Válgame Dios! Pues yo también soy gente.
Vejete	Óyeme, tu mujer, es cosa pública
	que tiene diez galanes.
Lorenzo	¿Diez galanes?
Vejete	Lo que oyes. Venga tu honra, que es la mía, 40
	y mátalos a todos en un día,
	y velos tú pasando, uno por uno,
(Dale la espada.)	con esta espada, y tíñela hasta el cabo.
Lorenzo	Juro a Dios que los pase como un nabo.

98

Vejete	Mira, tú has de ponerte aquesta noche	45
	al umbral de tu puerta, y uno a uno,	
	como fueren llegando,	
	izás! con lindo despejo illes pegando,	
	y izás! hasta que quedes satisfecho.	
Lorenzo	Esto ya me parece que está hecho,	50
	porque si hay alguien que acercarse quiera,	
	izás! le pienso pegar desta manera,	
	iy zás, y zás [...]!	

(Da espaldarazos al viejo.)

Vejete	Tente, menguado.
Lorenzo	Mire, so un bercebú si estó enojado.

Vejete	Tú eres cosa perdida,	55
	y fiar de ti nada de provecho	
	es grande bobería y es mal hecho.	
	Yo te traeré un valiente	
	que desde el mismo oriente hasta el poniente	
	no hay otro como él, y no te asombres,	60
	que se traga a los hombres	
	como anises del Duque muy delgados,	
	y se los va tragando así, a puñados.	
Lorenzo	Pues tragaraos a vos, así que os vea,	
	porque oléis a diez leguas a grajea.	65
Vejete	Pues yo voy a enviarte este valiente,	
	que yo a pagalle desde aquí me obligo.	
	Pero mira, Lorenzo, que te digo	

99

	que te estés a la puerta, y no consientas	
	que entre ninguno el tiempo que me tarde.	70
Lorenzo	¿Quién ha de entrar? Callad. Así Dios os guarde.	
Vejete	Pues no se entre ninguno. Mas ya viene. Inés: haz lo que tanto te conviene, que hoy con todos a un tiempo darás cabo.	

(Hace que se va y detiénele Lorenzo.)

Lorenzo	No se os olvide de traer el bravo,	75
	porque, después de Dios, ese valiente	
	ha de ser mi remedio totalmente.	
Vejete	No se me olvidará.	
Lorenzo	No por San Pablo.	
Vejete	Voyme. No vea Inés que a ti te hablo.	
Lorenzo	Con un valiente cobra un hombre brío.	80

(Vase el Viejo. Sale Inés y abraza a Lorenzo y él la quita.)

Inés	Marido de mis ojos, dueño mío, abrazadme, abrazadme y reabrazadme.
Lorenzo	Quitaos y requitaos y redejadme.
Inés	Mi bien, mi esposo, mi señor, mi dueño.
Lorenzo	Quitaos allá.

Inés	¿Pues vos conmigo airado?	85
	Sois mi galán, aunque os hacéis de bronce.	

Lorenzo	Desa suerte conmigo tenéis once.	

Inés	Yo no os entiendo [...].	

Lorenzo	Pues yo me entiendo,	
	que dicen que tenéis tantos galanes	
	que si ellos fueron pollos de ahechadura,	90
	uno por fuerza le tocara al cura.	

Inés	¿Diez os han dicho? ¡Plegue a Dios, marido,	
	que si tal tengo! no me hagáis que jure	
(Aparte.)	(que a vos os lleven cuatro mil demonios)	
	mas yo soy muy sujeta a testimonios.	95
	Cinco sí tengo: el viejo, el forastero,	
	que ya tiene su hora y yo le espero	
	esta noche, después de haber entrado	
	los otros tres que tienen mejor grado.	
	¡Que tal digan! ¡Qué lenguas hay tan fieras!	100
	¿Y lo creéis vos? Soy desgraciada,	
	y estas cosas me tienen acabada,	
	sin salud y con sustos infinitos.	

Lorenzo	No tenéis ya que hacerme pucheritos,	
	que hoy ha de ver el mundo mi venganza,	105
(Aparte.)	que tengo un hombre yo... (pero callemos	
	honra mía, hasta tanto que os venguemos)	
	y entraos allá, no sean los demonios	
	que os dé con esta espada adredemente.	

Inés	Bien sabéis vos que moriré inocente.	110

| Lorenzo | Mientras viene el valiente, obre esta espada |
| | pero ya tengo moro en la estacada. |

(Vase Inés y sale un galán embozado.)

Galán I (Aparte.)	(Lorenzo está a la puerta, mas no importa:
	que ha de valerme su simpleza extraña
	y allá tengo de entrar, que ésta es la maña): 115
	¡Ah, Lorenzo! Escúchame atentamente,
	noble sois, cuerdo sois, y sois valiente
	yo entro a ver a vuestra esposa, y por si ha habido
	quien algo le haya dicho a su marido,
	pues sois mi amigo, y de vos me valgo, 120
(Vase.)	guardadme las espaldas, que ya salgo.

Lorenzo	Ve aquí un empeño bien enfecultoso:
	la amistad de un amigo aquí me llama
	y a esotra parte mi deshonra clama;
	pues venza la amistad eternamente 125
	pues soy noble, soy cuerdo y soy valiente.

Galán II (Aparte.)	(A su puerta está puesto, mas no importa):
	¡Ah, hidalgo! Pues que veis que me resuelvo,
	no me entre nadie aquí, que luego vuelvo.

(Entrase por la puerta que el primer Galán entró.)

Lorenzo	¡Ah, caballero, advierta, çé, a quien digo! 130
	mire usté que allá dentro está un amigo
	que me dijo que aquí estuviese alerta.

(Sale el Galán primero riñendo con el Gracioso.)

Galán I (Vase.)	¡Muy lindo modo de guardar la puerta!
Lorenzo	No hay sino dar y echar por esos trigos,
	¿pues qué he de hacer si todos son amigos? 135
Galán III	Oíd estas razones, reparaldas,
	mientras salgo, guardadme las espaldas.
Lorenzo	La cuenta de los diez ya sale cierta.

(Éntrase el tercero Galán, por la puerta que los otros, y sale el segundo.)

Galán II	¡Muy lindo modo de guardar la puerta!
Lorenzo	Señores, yo soy solo y no es posible; 140
	hacer más que por uno es imposible,
	y aunque hago cuanto puedo por servillos,
	al cabo, al cabo, sin poder valerme,
	después de rempujarme y de molerme,
	se entren sin más ni más propios y extraños. 145
	Parezco mayordomo en día de años:
	pero de esta vez mi honra
	va perdida y rematada
	si no viene aquel valiente
	que me ayude a rescatalla. 150
	¡Ay! Dios le traiga con bien
	y las benditísimas ánimas.
Vejete	Haga ucé lo que le digo,
	que aún mayor será la paga.
Valiente	Pues despachemos aprisa 155
	porque una mujer me aguarda,
	y se ha de cumplir [...] todo.

Vejete	¡Válgame Dios! Poco falta.
(Dale un bolsillo.)	¡Ah, Lorenzo! Ya te traigo
	conmigo la flor de España, 160
	y el que ha de satisfacerte.

Lorenzo   Padre mío de mi alma
                 y honra mía.

Valiente   Aquí no hay más
                 sino andar y Santas Pascuas.

Vejete   Dime ¿a ver a tu mujer   165
                 ha entrado alguno en tu casa?

Lorenzo   No es mujer que se descuida,
                 ya tiene muy buena entrada.

Vejete   No importa, porque aquí está
                 quien no dejará tajada   170
                 de todos.

Valiente   Déjelo ucé,
                 que en fin, ucé es camarada.

Lorenzo   Ya yo sé que ucé es ucé,
                 y que el ser ucé le basta.

Valiente   ¿Y cuántos hombres son estos   175
                 que he de matar? Porque vaya,
                 con que si no son cincuenta,
                 con menos no hacemos nada,
                 y me iré si no son tantos.

Lorenzo	Pues en conciencia jurada,	180
	que lo que es a la hora de ahora	
	desprevenidos nos halla,	
	que cuanto muchos son diez	
	mas usté supla las faltas.	
Valiente	Esto es muy poco, y me voy	185
	si no es mayor la matanza.	
Lorenzo	Mate usté a este vejete	
	y no se hable más palabra.	
Vejete (Éntrase.)	¿Que me mate a mí? ¿Estás loco?	
Valiente	Pero por ser gente honrada	190
	me allanaré a cualquier cosa.	
Lorenzo	Dios me guarde a uced, por tantas	
	mercedes como me hace,	
	que no podré pagallas	
	en mi vida.	
Valiente	Fíe de mí,	195
	que me he inclinado a su causa,	
	cuanto mis fuerzas alcanzan,	
	y esto va en inclinaciones.	
Lorenzo	Sí, señor, uced lo haga	
	lo mojer que osté supiere,	200
	pues pongo mis esperanzas	
	en vusté.	
Valiente	Es un cuitado	
	y hoy verá como una plata	

su honra.

Lorenzo	Yo así lo creo.

Valiente	Algún Ángel con él habla:	205
	mire, el hombre más dichoso	
	es que ha habido en [...] España	
	en haberme a mí traído.	
	Una, dos, tres, cuatro casas:	
	aquesta es si no me engaño	210
	y porque en la cuenta vaya	
	¿no es ésta su casa?	

Lorenzo	Sí.

Valiente	¿Y cuántos dentro se hallan?

Lorenzo	Tres hay dentro, y buen provecho.

Valiente	Pues la cuenta está ajustada.	215
	Agora me sigo yo,	
(Vase.)	guardadme vos las espaldas.	

Vejete	¿Qué es aquesto?

Lorenzo	Que al valiente	
	se le ha llegado su tanda,	
	y por no perder su turno	220
	se ha entrado agora en mi casa.	

Vejete	Esa es gran bellaquería:	
	dadme, Lorenzo, esa espada,	
	que ya no puede mi enojo	
	sufrir desvergüenza tanta.	225

A todos he de matallos,
y porque en la cuenta vaya,
¿cuántos están dentro?

Lorenzo   Cuatro.

Vejete   Pues la cuenta está ajustada,
                agora me sigo yo: 230
                guardadme vos las espaldas.

Lorenzo   ¿De manera que son cinco
                los que han entrado en mi casa?
                Pues ahora me sigo yo
                y pues que todos me faltan,   235
                al auditorio suplico
                que me guarde las espaldas.

Galán I   ¿A dónde va el mentecato?

Lorenzo   Señor, voyme noramala,
                que no pretendo estorbar.   240

Galán I   ¡Vaya el simple, vaya, vaya!

(Dale de palos.)

Lorenzo   Bien el refrán se ha cumplido,
                que los palos me faltaban.

Inés (Sale Inés.)   Baila, Lorenzo, conmigo
                y así cesará la chanza.   245

Lorenzo   Y mandábanle bailar
                como quien no dice nada.

Personajes

Torrente
Cortadilla
Mostrenca
Lorenzo
Chilindrina, vejete
Rechonchón, alcalde1
Oruga, alcalde

Los instrumentos

(Salen riñendo Torrente, Cortadilla, Mostrenca, Chilindrina y Lorenzo, puesto en medio, deteniéndolos.)

Torrente   Sal aquí, viejecillo, injerto en mona,
sal aquí, papanduja con valona,
sal aquí, matalote,
valiente venial, ladrón a escote.

Cortadilla   Colegial de la Venta de Viveros,   5
ladrón, retal ganancia de mauleros,
sal aquí, monicaco,
tabaco viejo y viejo de tabaco.

Mostrenca   Sal aquí, presa en mosto, y pinta en zorra,
hueso de capa y gorra,   10
refresco de refrescos,
boca sin tabas y tabas con gregüescos.

Chilindrina   Tú eres el «sal aquí», perro de granja,
barbas de letuario de naranja,
y tú, y tú, turrutú, desde la cuna   15
miente lo que le toca a cada una.
¿Qué es «sal aquí»? ¿Soy perro cuando trato
de probar que al nacer salí tan grato
que oyéndome llorar por los rincones,
se escondían temblando los ratones,   20
y si a la calle en brazos me sacaban,
a ladridos los gozques se mataban?
¿Qué es «sal aquí»?

Lorenzo   Dejaldo Chilindrina.

Chilindrina	¿Qué es «sal aquí»?
Lorenzo	¿Por qué es esta mohína?
Chilindrina	Por que me tienen por ladrón de ogaño, 25 siendo yo el que inventó el primer araño, el que las bolsas lleva en pasatiempo, el que arruga las cosas más que el tiempo.
Cortadilla (Saca el guifero.)	¡Apártate, Torrente, que le he de guiferar aquella frente! 30
Mostrenca	Espera, parasismo de los viejos.
Chilindrina	Arrójote un mentís por estar lejos.
Mostrenca	Pégote un bofetón con que echo el sello.
Chilindrina	¡Doite de palos!
Mostrenca	¡Mátote por ello!
Chilindrina	Diome con la forzosa. 35
Torrente	Llenose el duelo: vamos a otra cosa.

(Júntanse en corrillo y salen los dos alcaldes.)

Oruga (Aparte.)	(Estos son los ladrones, llegad quedo, alcalde Rechonchón.)
Rechonchón	¡Jesús, qué miedo! Oid, alcalde Oruga, y ¿con qué hurtan?

Oruga	Con escalas y llaves.
Rechonchón	Mas ¿de veras? 40 Pensé que con agujas y tijeras.
Oruga	Eso no, no he de creello, camarada.
Rechonchón	Vos no estáis obligado a creer nada.
Oruga	Yo ¿pues por qué? No entiendo este enredo.
Rechonchón	Porque en vuestro linaje no hubo Credo. 45
Oruga	¡Fuego en lengua, que habla mal de balde!
Rechonchón	Nunca pidáis lo que tenéis, alcalde.
Oruga	Mirad que se os irán, ¡llegad, prendedlos!
Rechonchón	Prendedlos vos, no me metáis en cuentos, que, al fin, estáis más ducho en prendimientos. 50
Oruga	Por inocente sufro estas razones.
Rechonchón	Y aún me ponéis, por serlo, entre ladrones.
Oruga	Prendedlos, no sea en balde la venida.
Rechonchón	Ya vo, mas vení acá, por vuesa vida, decidme (pues que sos de engaño ralo) 55 ¿cuál de aquestos ladrones es el malo?
Oruga	¡Yo qué sé!

Rechonchón	No neguéis, que aqueste punto por testigo de vista os lo pregunto.
Oruga	Sois un puerco y ¡por Cristo!, que a bocados os coma si me acerco.
Rechonchón	¿Cómo habéis de comerme si so puerco?
Torrente	Quedo, que nos han sentido, los alcaldes deste pueblo.
Chilidrón	Nadie se altere, que yo los sacaré deste aprieto.
Rechonchón	¡Loado sea Jesucristo!
Oruga	¡Que no habéis de decir eso! Sino ¿qué gente?
Rechonchón	¿Qué gente? ¡Los ladrones!
Chilidrón	Ni por pienso.
Rechonchón	¿Veis como mentís, alcalde, que no son ladrones?
Oruga	Bueno, ladrones son.
Rechonchón	Mas, por Dios...
Oruga	Llegad con cólera.

Los números de verso: 60, 65, 70.

Rechonchón	Llego: Deo gracias.	
Todos	Por siempre.	
Rechonchón	Alcalde, ladrones por siempre.	
Oruga	Necio no lleguéis con esa flema, sino echando chispas.	75
Rechonchón	Eso a vos os toca, que estáis desde tamañito ardiendo.	

(Cantan y bailan y el alcalde Rechonchón con ellos.)

Chilidrón	Mocitas de la alegría...	80
Cortadilla	Viejecito de placer...	
Chilidrón	Decid a la compañía que toquen y tañan los instrumentos, y todos alegres, gustosos, contentos, con mil carreritas parad y corred.	85
Oruga	¡Qué gentil bellaquería! Vengan a la cárcel presos.	
Rechonchón	Eso no, ¡por Jesucristo!, que son ladrones del cielo, primero os prenderé a vos...	90

113

(Ásele.)

Oruga	¿Estáis borracho?

Rechonchón	Por eso,
	que vos no bebéis la causa
	y estáis libre del efecto.

Oruga	¿De qué vivís?

Chilidrón	De vender	
	danzas, bailes, instrumentos.	95

Torrente	Cascabeles, campanillas...

Cortadilla	Castañetas, embelecos...

Lorenzo	Sonajillas, silbatillos...

Mostrenca	Arpas, guitarras, panderos...

(Hacen la reverencia cantando Todos, y el alcalde responde cantando, haciendo la reverencia y quitándose la caperuza.)

Todos	En esta fiesta del Corpus	100
	para vobiscum.	

Rechonchón	Oremos.	
	¡Alto! Todo he de comprallo	
	que ogaño, que so el festero,	
	he de her al señor San Corpus	
	lo que no vieren los ciegos	105
	¿Tenéis comedias?	

114

Chilidrón	Pues no,
	Autos.
Rechonchón	Esos no los quiero.
Chilidrón	¿Por qué?
Rechonchón	Por que aquí al alcalde
	le sobran los de Toledo.
Oruga	¡Vive Cristo! Que si os cojo...
Rechonchón	Que me pongáis en un leño.
Oruga	Villanchón, ¿de dónde os nacen
	esos dichos?
(Va tras él.)	
Rechonchón	De sus hechos.
Oruga	No ha de gastarse una blanca,
	que está empeñado el Concejo...
Rechonchón	Harto es que no esté vendido
	entendiendo vos en ello.
Oruga	Y hay mil faltas en la Villa...
Rechonchón	Echadlas acá y veremos
	si nos quitan nuessa fiesta.
Oruga	Están los órganos viejos...

110

115

120

115

Rechonchón	Tíñanse y ráspense bien
	que otros mejores lo han hecho
Oruga	Están muy rotos los fuelles...
Rechonchón	Pónganle los del herrero
	y soplen como pudieren.
Oruga	La torre se está cayendo...
Rechonchón	Pues téngase a la Justicia.
Oruga	Han hurtado el monumento...
Rechonchón	Pagalde.
Oruga	¿Yo? Pues ¿por qué?
Rechonchón	Porque os quedasteis durmiendo
	siendo de guarda.
Oruga	Mentís.
Rechonchón	¿No me diréis qué os ha hecho
	el Corpus, que no podéis
	tragalle, por más que hacemos?
Oruga	No ha de haber fiesta este Corpus.
Rechonchón	Fiesta ha de haber, compañero.
Chilindrina	Ea, ¿habéis de comprar algo?
Rechonchón	¿Qué es comprar? Dad muestra luego.

Líneas numeradas: 125, 130, 135

116

Lorenzo	Esta es danza sacristana.	140

(Campanilla.)

(Van pasando por detrás de Rechonchón, con todos los instrumentos y él va volviendo la cabeza a una parte y otra.)

Torrente	Ésta lo es de cedacero.

(Sonajas.)

Cortadilla	Ésta es danza gitanil.

(Castañeta.)

Mostrenca	Ésta de cascabel grueso.

(Cascabeles.)

Otro	Esta danza fregaril.

(Pandero.)

Chilindrina	Ésta es habla de jilgueros.	145

(Silbatillo.)

Rechonchón	¡Jesús, que me ahogo en danzas!

Todos	Todos te las ofrecemos.

(Cantando.)

Lorenzo	Ésta es tris, tras, de los vivos,
	el metintín de los muertos,
	el brin bron de los nublados, 150
	el tantarán de los fuegos,
	el repique de las fiestas...

Rechonchón	¡Calla, hombre!

Lorenzo	El clamoreo...

Rechonchón	¡Valga el diablo el hablador,
	a ver si calláis con esto! 155

(Quítale la campanilla y pónesela.)

Cortadilla	Ésta es dama de las Cortes,
	labradora de los pueblos,
	de las jácaras, cosquillas,
	de las bodas, instrumentos,
	de las comedias, alivio... 160

Rechonchón	¡Calla demonio!

Cortadilla	Y gracejo
	de los tonos y los bailes.

Rechonchón	¿No? ¡Pues haré lo que suelo!

(Quítale las castañetas y póneselas.)

Mostrenca	Estos son ruido de ruidos,
	entretelas de pandero, 165
	liga de todo danzante,
	manillas de morteruelos,

	joyeles de los caballos,	
	hábito de caballeros...	
Rechonchón	¡Calla!	
Mostrenca	Pregón...	
Rechonchón	¿Otro diablo...?	170
	¡Pues yo te pondré silencio!	

(Quítale los cascabeles y póneselos.)

Otro	Éste es el supleguitarras,	
	el son de los zagalejos,	
	el reclamo de las Mayas,	
	el bullicio gitanesco,	175
	el apodo de los tontos,	
	el susurro...	
Rechonchón	Quedo, quedo.	
Otro	Es él...	
Rechonchón	Diablo que te lleve	
	¿y a quién no te le hace menos?	

(Quítale el pandero y póneselo.)

Torrente	Éste es gusto de los blancos,	180
	regocijo de los negros,	
	socorro de villancicos,	
	de las pandorgas, estruendo,	
	chillido de portugueses...	

Rechonchón	Calla demonio.	
Torrente	Festejo...	185
Rechonchón	¿No queréis? Pues esperad...	

(Quítale las sonajas.)

Chilindrina	Éste es del campo señuelo, verdugo de las comedias, de los toros regodeo, bocina de salteadores...	190
Rechonchón	Y yo quien os le salteo.	

(Pónese el silbato en la boca.)

Lorenzo	Ésta es el ser de los tonos, la ganancia de los ciegos, la ronda de los veranos, la esclava de los barberos, el aparador de cuerdas, la lengua...	195
Rechonchón	Para, cochero	
Lorenzo	El grito...	
Rechonchón	Escupe siquiera...	
Lorenzo	Ésta es...	
Rechonchón	El postrer remedio.	

(Quítale la guitarra.)

Oruga	Miren aquí qué simpleza,	200
	decid, alcalde, ¿estáis bueno?	

Rechonchón	Salud tengo ¡gloria a Dios!

Oruga	¿Qué parecéis?

Rechonchón	¿Qué parezco?
	Picota con pesos falsos.

Oruga	¿Y qué habéis de hacer con eso?	205

Rechonchón	Herme las fiestas yo solo,
	pues todas las danzas tengo.

Mostrenca	Eso será si las paga.

Rechonchón	Antes lo han de pagar ellos	
	y yo he de ganar perdones.	210

Todos	¿Cómo, cómo?

Rechonchón	Ceno, ceno,
	ladronazos.

Oruga	Eso sí.

Mostrenca	La flor nos han descubierto.

Oruga	Llevadlos luego a la cárcel,
	decid, ¿qué esperáis?

Rechonchón	Yo espero,	215
	no esperades vos más,	
	desde vueso nacimiento.	

Chilidrón   Aquí corremos peligro,
ea, hijos, al remedio.

(Cantan y bailan.)

Uno   Alcaldito que a todos los prendes,   220
¡Ay que colerita y enojo que tienes!

Otro   ¡Ay que colerí, colerí, colerita,
ay que colerí, colerín, colerá!

Uno   ¿Con que todo lo tocas y bailas
saltando de aquí para allí, para allá,   225
por aquí, por allí?

Otro   ¡Por acá, por allá!

Otro   Hurtar pensamos al pueblo
y él nos hurtó sin pensar.

Rechonchón   Así, señor ladronazo,
se hace manco el gavilán.   230

Uno   Hónrenos vusted, que somos
de apellido principal.

Rechonchón   Hasta aquí fueron ladrones,
hurtados desde hoy serán.

Otro   Pues lo ganó por su mano,   235

	por su pie lo ha de bailar.
Rechonchón	Desa suerte hice a la pila, el alcalde, ¿de qué miráis?
[Todos]	Alcaldito, etc.

(Repiten y bailan.)

Personajes

Mari-Zarpa
El Zurdillo
Mari-Pilonga
Sornavirón
El Ñarro
Zampayo
Un vejete
Doña Pizorra
El gracioso

Las jácaras

(Salen el Gracioso y el Vejete.)

Gracioso   Su enfermedad ¿no es más que esa locura?

Vejete   ¿No es harta?

Gracioso   No, para tan grande cura.

Vejete   ¿Cómo no, si la tema en que ahora ha dado
es en cantar con grande desenfado
jácaras noche y día?   5
En Castilla no hay ni Andalucía,
ni mujer libre ni rufián valiente
cuya vida en tonada diferente
no cante. Si azotaron en la costa
al Zurdillo; parece que fue aposta   10
solo porque se hallara
otra jácara más que ella cantara.
Si arrastrando la soga
trae el Ñarro, y se la enfalda donde ahoga,
cátale al Ñarro ya, que en dos instantes   15
su vida tiene puesta en consonantes.
Si a la vergüenza allá en Jerez sacaron
a la Pizorra y la desvergonzaron,
solo fue porque hubiera
otra jácara más que ella supiera.   20
Zampayo y la Pilonga,
Sornavirón, Añasco, Serrallonga...
De modo que ocupada
en esto solo una doncella honrada
tiene. ¡Ved! ¡qué devoto Flos sanctorum   25
libro de vidas, que es Flos latronorum!

Gracioso	¿Ve vuesarced todo eso?
	El seso cobrará o perderé el seso.
	La gente que he traído
	¿dónde está?

Vejete	Por ahí la he repartido.	30

Gracioso	Pues adiós: y hago usted lo que le he dicho,
	y atención a una cura de capricho.

(Vase.)

Vejete	Ya ella viene tocando [...]
	las castañetas.

(Sale Mari-Zarpa, tocando las castañetas.)

Vejete	Mari-Zarpa ¿cuándo	
	te has de cansar de andar toda la vida	35
	entreteniendo, mal entretenida?

Mari-Zarpa	¿Mal entretenimiento
	es decir al compás deste instrumento...?

Vejete	Tente, espera, no cantes,	
	porque una maldición te he de echar antes:	40
	¡Plega a Dios, si cantares,	
	se te aparezca luego a quien nombrares,	
	quejoso a letra vista	
	de que seas infame coronista	
	de azotes y galeras,	45
	de ladrones, de trongas y hechiceras!

(Vase.)

Mari-Zarpa   Aunque miedo me pongas
                de hechiceras, ladrones y de trongas,
                he de cantar: no temo tus razones.
                Dense a la maldición las maldiciones,   50
                porque no fuera justo que cayera
                sobre mí por cantar desta manera:
(Canta.)   Con el fieltro hasta los ojos,
                con el vino hasta la boca,
                y el tabaco hasta el galillo,   55
                pardo albañal de la cholla,
                columpiando la estatura
                y meciendo la persona,
                Zampayo entró, el de Jerez,
                en cas de Maripilonga.   60

(Salen Zampayo y la Pilonga.)

Zampayo   Si entré en casa de María,
                a vuesarced ¿qué le importa?
                Cada uno entra donde halla
                más agrado y menos costa.

Pilonga   ¿Es puerto seco mi casa,   65
                y es vuesa merced, señora,
                la aduana, que [...] saber
                quién entra o sale le importa?

Mari-Zarpa   ¿Hay tan grande atrevimiento?
                ¡Dentro de mi casa propia   70
                se entran...!

Zampayo   Sí, pues no nos deja

127

estar vuesarced en las otras.

Mari-Zarpa   ¡Padre! ¡Señor!

Zampayo   No dé voces,
que aunque el mundo la socorra
no nos verán.

Mari-Zarpa   [...] ¿Cómo?   75

Zampayo   Como hemos venido en sombra,
solo a decir que no sea
vuesa merced tan curiosa,
que vidas ajenas cante
pudiendo llorar la propia.   80

Pilonga   Y cada vez que a Zampayo
o a mí nos tome en la boca,
vendremos... Pero esto baste...
A darla... Pero esto bonda.

Mari-Zarpa   Digo que en mi vida ya,   85
por lo que a ustedes les toca,
diré: «Esta jácara es mía».
Pero bien...

Los dos   ¿Qué?

Mari-Zarpa   Que sé otras;
que si ustedes están libres
y hasta aquí se entran agora,   90
preso está Sornavirón
y no vendrá. Va su historia.

(Vanse los dos.)

(Canta.)   Enjaulado está en Sevilla
                            Sornavirón el de Osuna,
                            por gavilán de talegos,   95
                            por gato de cerraduras.

(Sale Sornavirón, con prisiones en los pies y en las manos.)

Sornavirón   Si estoy enjaulado o no,
                            el diablo tuvo la culpa,
                            porque dio en chismoso el diablo
                            y fue a avisar a la gura   100
                            de que sin armas estaba
                            envainado en la bayuca.
                            Que a estar con ellas, volviera
                            turbada toda la turba.
                            Demás de que estar el hombre   105
                            enjaulado, no es injuria;
                            que enjaulado está un león.
                            Solo lo que ahora me atufa
                            es que vusted me discante
                            los casos de mi fortuna: 110
                            y así, ¡voto a lo que voto!,
                            que si otra vez me pernuncia
                            el nombre, que la he de hacer
                            que me sueñe y no me gruña.
                            Que soy muchísimo hombre   115
                            para andar escrito en burlas.
                            El Zurdillo podrá ser
                            que lo agradezca a las musas,
                            que es vano: cánteme dél,
                            si quiere templar mi furia,   120
                            que quiero oír [...] como sabe

	mi historia, sabe la suya.	

| Mari-Zarpa | Si vienes a oírme cantar, |
| | dime: ¿para qué me asustas? |

| Sornavirón | Para que soy visión. |

Mari-Zarpa	Pues,	125
	visión de buen gusto, escucha.
(Canta.)	Al Zurdillo de la Costa
	hoy otra vez le azotaron,
	con que tienen dos jubones
	papales como zapatos.	130

(Sale el Zurdillo, de cautivo.)

Zurdillo	La primera vez, mi reina,
	fue por un testigo falso,
	y la segunda por otro,
	si bien no mintieron ambos.

| Sornavirón | ¿Oye usted? Ahí se la dejo: | 135 |
| | riña con ella otro rato. |

(Vase.)

Zurdillo	Padecí, porque no estuvo
	en mi mano el remediarlo
	la vez primera, y la otra
	[...] estuvo en ajena mano,	140
	y...

(Amenázala.)

Mari-Zarpa	Tenga vusted la zurda,
	porque es dos veces agravio
	y vuélvase a su galera.
	Que no es bien que un hombre honrado 145
	sin licencia haya venido,
	a su obligación faltando.
	Que yo le doy mi palabra
	de no cantar sus trabajos.
Zurdillo	Yo lo aceto: y hará bien.
	Que solo es bueno ese canto 150
	allá para la Pizorra,
	que ha que pasó muchos años.
Mari-Zarpa	En extremo le agradezco
	que me lo haya acordado,
	que con eso cantaré 155
	sin que venga a darme espanto.

(Vase Zurdillo.)

(Canta.)   Con mil honras, vive Cristo,
me llaman Doña Pizorra.
Que si en Jerez me azotaron,
me azotaron con mil honras.   160

(Sale Doña Pizorra, con locas largas, cantando.)

Por lo menos no me vieron
en las espaldas corcova,
ni dijo esta boca es mía
al levantar de la roncha.

Mari-Zarpa   ¡Jesús mil veces! ¡Qué miro!   165

131

¿De dónde sales agora?

Doña Pizorra   De mi buen retiro salgo,
                     no porque cantes mi historia,
                     sino porque diga en ella
                     más adelante la trova   170
                     que fui moza de servicio,
                     no habiendo yo sido moza.
                     Por lo cual, otra vez que
                     te acuerdes de mi persona,
                     te llevaré por los aires   175
                     desde aquí a Constantinopla.

(Vase.)

Mari-Zarpa   No soy amiga de andar
                     en mal seguras tramoyas,
                     haciendo ángeles en unas
                     y haciendo diablos en otras.
                     En fin, de ninguno canto   180
                     que no se aparezca en sombra.
                     Mas si están vivos, ¿qué mucho
                     que hasta aquí se entren agora?
                     Ahorcado está y enterrado
                     el Ñarro: ¿qué me acongoja?   185
                     Si yo no he de reventar
                     y él no puede venir, oigan:
(Canta.)   Cansose el Ñarro de Andújar
                     que es aliñado en extremo,
                     de traer la soga arrastrando   190
                     y enfaldósela al pescuezo.

(Sale el Ñarro, con una soga al pescuezo y un palo a manera de horca.)

132

El Ñarro	Hice muy bien de enfaldarla,
	que era grande desacierto
	andar en mi misma soga
	tropezando por momentos.	195

Mari-Zarpa	¡Válgame el cielo! ¡Qué miro!
	¿Muerto vienes?

El Ñarro   Muerto vengo,
que tu voz sola pudiera
hacer levantar los muertos.
Y no vengo yo a quejarme   200
como esotros majaderos,
sino a darte muchas gracias
del honor que por ti tengo.
¿Quién se acordara de mí
si no fuera por tu acento?   205
¿Ni qué más honra un ahorcado
tiene que el andar en versos?
Entiende que cada vez
que me hagas sufragio dello,
te he de hacer una visita.   210

Mari-Zarpa   Agradecido esqueleto,
nadie negoció conmigo
mejor que tú, ni más presto
que no cantara su historia,
Pues ya cantaré primero   215
de la Pilonga, y Zampayo,
de Sornavirón el fiero,
del Zurdillo y Añasquillo
y, la Pizorra los hechos,
que a ti te tome en la boca.   220

(Salen todos, como han salido.)

Todos   ¿Qué nos quieres?

Mari-Zarpa   Nada os quiero.

El Ñarro   En nombrándonos, es fuerza
                   que vengamos al momento.

Mari-Zarpa   Ahora no os nombré cantando.

El Ñarro   Ni aun rezado queremos   225
                   que nos tomes en la boca.

Mari-Zarpa   Desa suerte lo prometo.

Todos   ¿Das esa palabra?

Mari-Zarpa   Sí.

El Ñarro   Pues afuera el embeleco.
                   ¡Barahúnda! Ya está sana   230
                   Mari-Zarpa.

Mari-Zarpa   ¿Cómo es esto?

(Sale el Vejete.)

Vejete   Como yo, para quitarte
                   tan mala maña, lo he hecho.

Mari-Zarpa   ¿No son visiones?

Todos   No.

Mari-Zarpa   Pues
                    a mis jácaras [...] vuelvo   235

(Bailan un baile o cantan algo.)

Personajes

Teresa
Un Capitán
Lucía
Un Galán
Inés
El Gracioso
Un Licenciado
Un Hombre
Un Vejete

La pedidora

(Salen Teresa y Lucía.)

Teresa	No me hables de intereses,
	que es lugar muy común en entremeses;
	y es cosa muy cansada ver, Teodora,
	que te llame el lugar la Pedidora,
	porque de noche y día 5
	siempre pidiendo estás.

Lucía   Teresa mía,
el tiempo lo requiere;
porque el hombre que más dice que muere
hoy, contra nuestra fama,
quiere más su dinero que su dama   10
y así, al paso les salgo,
pidiendo mucho para que den algo.
El que a dar se resuelve,
eso me hallo; y el que no, no vuelve;
con que logro mi fin o el suyo ataja,   15
pues me quedo sin él o con la alhaja.

Teresa	No es mala la doctrina;
	mas, con todo, imagina
	que de pedir no es bien notada seas.

Lucía	Eso me importa poco, y porque veas	20
	lo que vale, has de llevarte agora	
	de paso una lición. ¡Inés!	

(Dentro.)

Inés	Señora.

Lucía   Traite el libro de caja.

(Sale Inés con un libro.)

Inés   Aqueste ha sido.

Lucía   Busca cuenta y razón de lo pedido.

Inés   Hojearle para eso es necesario.   25

(Hojea.)

Lucía   Ve a la P, pues tiene abecedario.

Inés   Pedido, fojas ciento; ya le he hallado.

Lucía   Pues las partidas lee de lo no dado
                         que están vivas, y sírvanos el vellas
                         de enseñar y [...] hacer memoria dellas,   30
                         porque la cobradora hacer intente
                         su diligencia.

Inés (Lee.)   «En cuatro del corriente
                         al escolar, que a lo discreto ama,
                         le fue pedido...»

Lucía   ¿Qué?

Inés   «Un jubón de lama.»

Lucía   ¿No hay margen?

Inés   Sí, imagino.   35

138

Lucía	¿Y cómo dice?

Inés	Al hijo del vecino, cuyo amor es tan fino, que excede a todos, que es amante sumo, cuatro piezas para el de puntas de humo; ítem, en cinco al portugués finchado, 40 un justillo a su gusto sazonado; dicho día al Doctor unas enaguas; al Capitán en seis, se hizo demanda de una pieza de Holanda, y al Tratante, que se entra a caballero, 45 se le notificó diese un vaquero».

Lucía	¿Qué más?

Inés	No hay más.

Teresa	¿Qué más haber podía?

Lucía	Es que he dado en pedir con cortesía de unos días acá.

Teresa	Yo mucho temo que viéndote vivir con tal extremo, 50 y habiendo ya caído en ello todos, se han de vengar, buscando algunos modos de dejarte corrida.

Lucía	No temas que me pase eso en mi vida; y has de ver antes de irte, es cosa cierta, 55 entrar el bien de Dios por esta puerta.

Teresa Holgareme de ver lo que te pasa,
para hacer mis asientos yo.

(Dentro, un Licenciado [golpeando la puerta].)

Licenciado ¡Ah de casa!

Lucía ¿Llaman?

(Inés mira al paño.)

Inés Sí.

Lucía Quién es, mira.

Inés El Licenciado.

Lucía ¿Con pie llama? ¡Señal de estar cargado! 60
Siempre abre presto al que con pie llama.
Dicho y hecho: ¡jubón tengo de lama!

(Sale un Licenciado de sacristán.)

Licenciado Dichosa fue la nube
que concibió el vapor, que del mar sube
donde el Sol la rubia 65
madeja hiriendo, desató la lluvia,
cuyo cristal vivificado deja
los romeros, que en flor libó la abeja,
de cuyo humor golosa
se fabricó la miel, que artificiosa 70
echó de sí la cera,
con que encerar pudiera
el zapatero el cabo, que no ingrato,

140

	el ponleví cosió de tu zapato,	
	en cuya huella poca,	75
	yo, indigno pecador, pongo la boca	

Lucía   Déjese de retórica. Y agora
               diga, ¿traime el jubón?

Licenciado   Sí, mi señora.

Lucía   Descubra, a ver...

Licenciado   Primero
               un epigrama al caso decir quiero: 80
               Vuestro papel recibí,
               y viendo en vuestro papel
               un jubón de lama, dél
               al alma traslado di;
               ella, que me estima a mí,   85
               viendo cuánto mi alma os ama,
               quiso volver por mi fama;
               y así me dio su jubón,
               con que pudo mi afición
               traeros jubón del ama.   90

(Saca un jubón muy roto.)

Lucía   ¿Qué es esto? ¿Andrajo a mí? ¡De juicio salgo!

Teresa   Es pedir mucho para que den algo.

(Dentro, Vejete.)

Vejete   ¡Ah de casa!

Lucía   No os vea
el que ahora viene.

Teresa   Este aposento sea
el que os guarde.

Licenciado   No habré sido   95
el primer sacristán que se ha escondido.

(Escóndese el sacristán y sale el Vejete con una frasquera.)

Vejete   Enaguas que me enviaste
a pedir esta mañana;
mi amor dice, esta frasquera
que es quien más entiende de aguas.   100

Lucía   Pues estoy de buen humor.

Vejete   Bañaos en agua rosada.

(Saca un pomo.)

Lucía   ¡Lindo es esto, por mi vida,
cuando estoy de ira y de rabia
hecha un volcán!

Vejete   Aguardiente.   105

(Saca un frasco.)

Lucía   ¡Pues es buena la templanza
que aplica un Dotor a quien
un fuego es!

Vejete	Agua de malvas.	

(Saca un pomo.)

Lucía	Todo me sucede hoy mal.	
Vejete	Agua de azar.	

(Saca otro pomo.)

Lucía	¿No repara	110
	que echo rayos por los ojos?	
Vejete	Ya lo veo; y a esa causa	
	es esta agua luminosa.	

(Saca otro pomo.)

Lucía	¿No le estremece ni espanta	
	mi cólera?	
Vejete	Agua de guindas.	115

(Saca otro pomo.)

Lucía	¡Cuánto va que si me cansa	
	que hecha una fiera, a él y a todos	
	los botes por la ventana	
	echo?	
Vejete	Agua de León Franco.	

(Saca otro pomo.)

Lucía	No me obligue a que le haga	120
	dar a entender que le hiede	
	la vida.	

Vejete	Agua de ámbar.

(Saca otro pomo.)

[Lucía]	¡Ya me falta la paciencia!

(Vase.)

[Se oye un disparo.]

Inés	¡Jesús!

Teresa	¡El cielo me valga!

Lucía	Mira, Inesilla, qué ha sido	125
	eso.	

(Sale un Capitán muy apresurado con una pistola; que dispara antes de salir.)

Capitán	La pieza de Holanda,
	que desde Absterdán la he hecho
	traer para hacerte esta salva.

Lucía	¿Con qué estruendo se viene?

Capitán	Pues agora fue sin bala;	130
	pero con ella otra vez	
	volará toda esta casa;	
	y porque lo veas, espera:	
	carga con bala y dispara.	

144

(Da la pistola a otro soldado.)

Lucía	¡No haga tal, señor soldado,	135
	por Dios!	

Capitán	Lo que se me encarga
	a mí, nunca es para menos,
	que no soy hombre de chanzas.
	Dale fuego, y vuele todo.

(Todos dentro.)

Todos	¡Au, au, guarda el toro, guarda!	140

Lucía	¿Qué es esto?

(Ruido de toros dentro, y sale un Galán y el Gracioso a caballo, de vaquero.)

Galán	Como un vaquero	
	me pediste, bella ingrata,	
	por servirte envié por él	
	a la orilla de Jarama;	
	y así, vine a tu obediencia	145
	con caballo y vara larga.	

Gracioso	Yo soy, señora, un vaquero	
	de tanta opinión y fama,	
	que siempre se andan tras mí	
	toros, novillos y vacas;	150
	y así, cuando vengo a veros	
	traigo tras mí mi vacada.	
	¿Dónde la hemos de encerrar?	

Lucía	Hombre, ¿dónde has de encerrarla
	preguntas? ¿Con eso vienes 155
	a hacer mi casa algarrada?
Gracioso	A saber donde venía,
	trajera toros de falda;
	pero éstos son los más bravos
	que en toda la orilla se hallan. 160

(Sale uno muy alborotado y encuentra con las mujeres.)

Hombre	¡Que se ha desmandado un toro,
	y de los otros se aparta!
Capitán	¡Vive Dios, que entra hasta aquí!
Lucía	¡Quién ha visto tal desgracia!
Gracioso	¿Y quién en el mundo ha visto 165
	correrse toros en sala?
Lucía	¡El diablo que espere más!
Capitán	No temáis, hermosas damas,
	que a aqueste toro casero
	le haré en mis brazos migajas. 170

(Sale un toro y pega con todos, y echa a rodar al Capitán y hácele a topetadas
entrarse.)

	¡Jesús, que me mata el toro!
Teresa	¡Amiga, el desván me valga!

Gracioso	Linda cosa es ser vaquero,
	pues cuando a todos arrastra,
	no quiere nada conmigo.	175
	Mas ¡vive Dios! que se encara:
	¡Toro, que soy el vaquero!

(Embiste con el Gracioso y échalo a rodar, y descubre una camisa muy sucia
y muy llena de palominos.)

	¡Que me mata, que me mata!
	¡El diablo que se detenga
	a pedir perdón de faltas!	180

Personajes

Don Gil
Otro Hombre
Un Herbolaria
Una Frutera
Una Entremetida
Músicos
Un Espadero
Una que vende prendas
Un Librero
Un Sacamanchas
Cuatro presos dentro

La plazuela de Santa Cruz

(Salen Don Gil y un Hombre.)

Hombre   ¿A dónde vais tan de mañana?

Don Gil   Amigo,
voy hacia Santa Cruz.

Hombre   Dios me es testigo
que no he visto hombre que madrugue tanto.

Don Gil   Yo sí lo he visto.

Hombre   ¿Vos? Mucho me espanto;
mas quién es ahora saber quiero.   5

Don Gil   ¡Que no lo echéis de ver! Vos, majadero,
que si tanto no hubierais madrugado,
fuera imposible haberme aquí encontrado.

Hombre   Tenéis razón; mas ir allá ¿qué os mueve?

Don Gil   Tengo en la cárcel un negocio leve   10
sobre el averiguar cierto disgusto;
y más, que para mí no hay mayor gusto
que entre cuantos allí ponen sus tiendas
ver cada día cuatro mil contiendas.
Y pues hacia allá vais, no es conveniente   15
referiros el número de gente
que a todos causa regocijo y risa.

Hombre   Yo lo veré. Venid, que estoy de prisa.

(Vanse.)

(Dentro la Frutera.)

Frutera	Sácame aquesa tienda; ¿te haces ganga?
	¡Servir y no servir! ¿Es mojiganga? 20

Uno	Aquí está ya, señora, no des voces.

(Dentro.)

Frutera	Calla, que te daré cuatro mil coces.

(Dentro todos.)

Prendera	Desátame esos líos.

Frutera	Pon el peso.

Herbolaria	Llega acá esa banasta. ¡Pierdo el seso!

Frutera	Ten ese garabito, impertinente. 25

Sacamanchas	Ya por las calles anda mucha gente.

(Salen todos con sus tiendas en mesas.)

Pues a vender, y sin hacer extremos,
para ver si hay quien compre, pregonemos.

(Cantando.)

Frutera	Por fea, y vender camuesas,
	serpiente todos me llaman, 30

	y por ser propio de sierpes	
	engañar con las manzanas.	
Sacamanchas	Yo confieso que en mi oficio	
(Representando.)	se encierra virtud muy rara,	
	pues ya que no quita culpas	35
	por lo menos saca manchas.	
Prendera	Yo salgo aquí a vender prendas,	
(Representando.)	y hallo en eso mi ganancia,	
	porque en llegando a venderse	
	ya están todas rematadas.	40
Herbolaria	[Herbolaria soy, señores],	
(Cantando.)	y todos de mí se cansan,	
	por ver que soy de la hoja,	
	y ando siempre por las ramas.	
Espadero	A comprar espadas vengan,	45
(Representando.)	pues que son como las damas,	
	que todas parecen bien	
	en estando acicaladas.	
Librero	Yo soy librero, señores,	
(Representando.)	oficio de virtud rara,	50
	porque todos los libreros	
	siempre se inclinan a estampas.	
Sacamanchas	¡Vengan a sacar manchas!	
Frutera	¡Ea, chiquillos,	
(Pregonando.)	a ocho doy camuesas!	55
Librero	¡Cómprenme libros!	

151

Prendera	¡Vayan viniendo todos a comprar prendas!
Herbolaria	Mis raíces son muebles: ¿quién me los lleva? 60

(Sale la Entremetida, que es la graciosa, con una mantellina terciada.)

Entremetida	Con dos espadas tienen, si hay quien las compre, puños, vueltas y puntas, y guarniciones.
(Canta.)	
(Sale Don Gil.)	¡Vive Dios, que cuanto hubiere 65 hoy he de concertar!
Frutera	Calla, que no es éste mala pieza.
Entremetida	¡Que no haya quien compre nada, para entrar yo en el concierto por un lado! ¡Cosa rara! 70 Amigas, no pienso que hoy partiremos la ganancia.
Prendera	¿Qué busca usté?
Don Gil	Estas pistolas

(Tómalas y, en viéndolas, las deja.)

               quiero ver.

Entremetida	Son muy bizarras.
Don Gil	¿Cuánto valen?
Prendera	Ocho escudos. 75
Entremetida	Cierto que son bien baratas; no se ha de ir vusté sin ellas.
Don Gil	Sí haré tal.
Entremetida	Ha de llevarlas.
Don Gil	Yo no quiero.
Entremetida	Yo sí quiero.
Don Gil	Yo no, porque no es ganancia 80 estar yo sin un sustento con dos bocas más en casa.

(Llega al puesto.)

Entremetida	Pues férieme este brasero.
Don Gil	Eso de muy buena gana. Ve aquí vusté caja y bacia. 85

(Saca una cajuela de tabaco sin nada dentro y dásela.)

Entremetida (Aparte.)	(El me pagará la maula con seguirle.)
Prendera	(Digo, amigas,

el ginovés no es muy rana.

Todas (Aparte.)   No.

(Llega al puesto de la Frutera y echa frutas en el cesto.)

Don Gil   Deme de estas camuesas
cuatro libras, y estas malas   90
no las eche.

Frutera   Enhorabuena;
¿dónde han de ir?

Don Gil   En la capa.

Entremetida   Lo que es camuesas, mejores
no han de venir a la plaza.
Sin escrúpulos se pueden   95
llevar.

Don Gil   Mujer, ¿eres maza?
Ya no las quiero.

Entremetida   ¿Por qué,
si comprándolas estaba?

Don Gil   Porque no había reparado
que era ésta fruta vedada.   100

Frutera   ¡Vuelva otra vez a hacer burla!
¡Oye, seo golilla!

Entremetida   Calla.
No parece que he salido

hoy con tan buen pie de casa
como otras veces. Mas ya   105
con una herbolaria habla.

(Llega la Herbolaria.)

Don Gil   ¿Tiene usté flor de tomillo?

Herbolaria   Sí, señor.

Don Gil   ¿Y flor de malva?

Herbolaria   También.

Don Gil   ¿Y flor de borrajas?

Herbolaria   También.

Don Gil   ¿Y flor de romero?   110

Herbolaria   Sí, señor; ¿qué es lo que manda?

Don Gil   Que, pues tiene tantas flores,
                   se junte con esta dama.

Herbolaria   ¿Pues conmigo, que las vendo,
                   gasta el zamarrilla chanzas?   115

Frutera   ¡A ocho! ¡A ocho camuesas!

(Pregonando.)

Librero   ¡Que no haya vendido blanca!

Sacamanchas	Hacen falta los terceros.
Prendera	Los cuartos hacen más falta.
Entremetida (Aparte.)	(Yo tengo de perseguirle.) 120
Don Gil (Aparte.) (Llega al Espadero.)	(Yo tengo de atormentarla.) Una espadita de lomo quisiera no muy cargada.
Espadero	¿Pide usted espada o carne?
Don Gil	¡Por Dios, que es hombre de chanzas! 125
Espadero	Vea aquí una harto famosa.

(Toma la espada y mírala.)

Don Gil	Sí, mas no está bien sacada.
Espadero	Mire usté, que es de las viejas.
Don Gil	La guarnición lo declara.
Espadero	¿En qué?
Don Gil	En ser propio de viejas, 130 el estar avellanadas. Mas, ¿es vaina abierta, diga?
Espadero	No, ¿por qué lo preguntaba?
Don Gil	Porque si la traigo abierta, se verá luego tomada. 135

Entremetida	Cómprela, que no ha de hallar otra tan buena y barata.
Don Gil	Yo no quiero.
Entremetida	Yo sí quiero.
Don Gil	¿Hay mujer más porfiada?
Entremetida	Pues ¿por qué se ha de ir sin ella?

140

Don Gil	Porque no quiero comprarla.
Entremetida	Pues ¿por qué?
Don Gil	Porque se queda y yo me voy. Camarada,

(Deja la espada y vase al puesto del Sacamanchas.)

óyeme.

Sacamanchas	¿Qué es lo que dice?
Don Gil	¿Quiere sacarme una mancha?

145

Sacamanchas	¿Adónde está?

(Mírale de alto abajo.)

Don Gil	¿No la ve?
Sacamanchas	Yo no la veo en la capa

	ni en la ropilla.	
Don Gil	Teneos, que no es ésa; ¡ay cosa rara!	
Sacamanchas	¿Pues cuál?	
Don Gil	La desta mujer, que me ha vendido hasta el alma.	150
Sacamanchas	Esa, aunque usté eche la hiel, no quedará bien sacada.	
Entremetida	Pues ¿cómo me trata así, diga, señor limpiacapas?	155
Sacamanchas	Si yo de limpiarlas vivo, otros comen de cortarlas.	
Prendera	¡Gran gusto es ver a los dos! En seguirle está empeñada.	

(Llega al puesto del Librero.)

Don Gil	¿Tendrá usted un libro bueno?	160
Librero	Sí: ¿de qué ha de ser?	
Don Gil	De chanzas.	
Librero	Ahí hay infinitos cuerpos de papel.	

(Tómalos y vuélveselos a dejar.)

Don Gil	No valdrán nada.	
	Porque cuerpos de papel	
	tendrán de trapo las almas.	165

(Vanse las mujeres y todos los oficios, y debajo del tablado, como presos, dos hombres en cada ventana con sombrerillos en cañas piden limosna, quedando en el tablado Don Gil y la Entremetida.)

Todos	Den todos a aquestos pobres	
	encarcelados.	
Entremetida	¡Santa Ana!	
	¿De dónde salió esta voz?	
Don Gil	Pues ya que en todo se halla,	
	vaya en aquel sombrerillo	170
	a meter gorra.	
Entremetida	¿Yo? ¡Guarda!	
	¿No ve que éstos son ladrones?	
Don Gil	¿En qué lo ha visto?	
Entremetida	En las cañas	
	de pescar.	
Preso I	A estos pobres	
	encarcelados, ¿qué paras?	175
Preso II	Den todo el mundo limosna.	
	Dos cuartos; alza la taba.	
Preso III	A cuarto, y cuarto, y terceras.	

Preso IV	Duélales nuestra desgracia.	
Preso III	Una, dos, tres; aquí llamo.	180
Preso IV	Cuatro, cinco; anda, que encaja. Den limosna a aquestos pobres. Seis, siete, ocho.	
Preso I	¡Mal haya la pinta! Dennos limosna.	
Preso II	Voila, porque está rascada esa taba, y yo no pago.	185
Preso III	A cuarto, y cuarto.	
Preso IV	Baraja, que es encuentro. A tres, y tres, y lo que cayere en cuarta.	
Entremetida	Jugando están el dinero; ¿quién vio cosa más extraña?	190
(Sale el Hombre.)		
Hombre	Pues don Gil, ¿cómo tan solo? Viendo lo poco que falta para las Carnestolendas, ¿no prevenís mojigangas?	195
Don Gil	A eso vine a la Corte.	
Entremetida	Pues porque a su tierra vaya	

	con alguna cosa nueva	
	le cantaré una tonada	
	al son deste panderillo.	200

Don Gil   Si es nueva será bizarra
(Salen todos.)   para mi lugar.

Entremetida   Escuche,
porque va de arenga,

Frutera   Vaya,
que todas ayudaremos
a bailar lo que tú cantas.   205

Entremetida   Una tonada nueva,
niña, te traigo,
corriendo, volando por el aire.
¡Ay, que si caigo con ella,
la descalabro,   210
corriendo, volandito, volando!
(Representando.)   Dale, dale, que dale, que dale,
que si el aire lo quiso,
[...] páguelo el aire,
corriendo, volando por el aire.   215
Si estas chanzas os gustan,
que vaya el baile:
corriendo, volando por el aire.
Vaya, vaya, que vaya, que venga.
Repicad bien, muchachas, las castañetas.   220
Corriendo, volando, etc.

Personajes

Doña Bárbula
Luisa, moza de taberna
Doña Aldonza
Alguacil
Doña Hermenegilda
Un Criado
Un Saludador
Un Sastre
Casilda
Un Francés
Una Dueña
Un Negro
Un Escudero
Músicos

La rabia

Doña Bárbula	¡Casildilla! ¡Muchacha! Abre esta puerta, presto.
Casilda	¿Qué traes?

(Sale Doña Bárbula, vestida de dama y Casilda, de fregona.)

Doña Bárbula   No es nada, vengo muerta,
de un braco (¡Ay Dios, que he de rabiar!) mordida,
para todos los días de mi vida.
¡Confesión, testamento, unción, entierro!   5

Casilda   Sosiega, que quizá rabias por yerro.
¿Qué ha sido pues?

Doña Bárbula   Fui a visitar, Casilda,
(ya lo sabes) a doña Hermenegilda.
Es inclinada a perros, de manera...

Casilda   ¿Qué amiga tuya no es una perrera?   10

Doña Bárbula   Que tenía en su casa ¡Ay que me aflijo!
más que suelen ladrar en un cortijo.
Pues apenas llamé, cuando al abrilla,
a la puerta salieron en cuadrilla
un gozque, un perro de agua, un perdiguero,   15
un lanudillo, un chino y un faldero;
un mastín, un lebrel, un galgo, un dogo,
un sabueso, un ventor... (¡Ay que me ahogo!),
y entre ellos un ladrón de un perro braco.

Casilda   No hay braco que no sea [...] gran bellaco.   20

163

Doña Bárbula	Éste, sin más ni más, a mí acomete:
	voyle a dar un cachete,
	vuelve, por no le haber, como un alano,
	y quiéreme morder en esta mano,
	siendo así que esto es lo que me agravia, 25
	que diz que el susodicho braco rabia
	siempre que se le antoja,
	y habrásele antojado (¡[...] qué congoja!)
	según toda la mano tengo hinchada
	como una bota ya...
Casilda	Yo no veo nada, 30
	si no es que para el mal que te alborota,
	pez con pez estuviese la tal bota.
Doña Bárbula	¿Cómo no? Haré una apuesta:
	qué pesa más diez libras ésta que ésta.
	¡Ay de mí! Ve volando como un trueno, 35
	antes que al corazón corra el veneno,
	por un saludador que me salude.
Casilda	Yo la taberna sé donde uno acude.
Doña Bárbula	¿Qué esperas Casildilla?
Casilda	No hago más que ponerme la mantilla. 40

(Pónese la mantilla.)

Doña Bárbula	Dile que ya la mano se me abrasa.
	Si no está allí (que sí estará), la casa
	(¡Ay de mí!) deja dicho al tabernero,
	Y porque no la yerre (¡ay que me muero!)

164

	ya que, recién venida,	45
	no soy en este barrio conocida,	
	dale por señas desta la de enfrente,	
	que vive doña Aldonza Equivalente,	
	nuestra vecina bella;	
	que ella dirá de mí, puesto que de ella	50
	más conocida es.	

Casilda   Iré corriendo.

Doña Bárbula   Pues mira, aunque me ves quedar muriendo,
                porque no te detengas,
(Vase.)   que no me he de morir hasta que vengas.

Casilda   Hará muy bien que cosa que desdora   55
                morirse sin criada una señora.
(Calle.)   ¡Pobre de mí, que quedo
                huérfana de ama!, con el justo miedo,
                si ella una vez se afufa,
                de que no he de hallar otra que me sufra.   60
                Y así me toca hacer por conveniencia
                la tal saludadora diligencia.
                ¿Qué virtud ésta es, si considero
                que nunca Dios la ha dado a caballero?
                Mas ésta es la taberna... y no le encuentro   65
                ¿si se habrá muerto fuera de su centro?
                Dicho lo dejaré a mi amiga Luisa,
                que es la que mide, por volver aprisa
                a mi ama: no quiera
                Dios que por [...] esperarme, no se muera,   70
                ¡Luisa mía!

(Sale Luisa, vestida de medidora.)

Luisa	¡Casilda de mis ojos! ¿Qué traes?
Casilda	Traigo tantísimos de enojos. Mi ama queda rabiando.
Luisa	¿Qué ama no queda así?
Casilda	Vine buscando porque a curarla acuda... 75
Luisa	¿A quién?
Casilda	A maese Andrés, el que saluda.
Luisa	Ahora se fue de aquí...
Casilda	Desdicha es mía.
Luisa	Mas dijo que al instante volvería.
Casilda	Pues dile, porque yo no haga allá falta, que hacia la Cava Alta 80 vaya, y frente por frente de en cas de doña Aldonza Equivalente, por mí pregunte.
Luisa	Harelo como tú lo verás.
Casilda (Vase.)	Guárdete el cielo. No se olviden las señas que te he dado. 85
Luisa	No se me olvidarán, pierde el cuidado;

que ya sé que ha de ir, frente por frente,
en cas de doña Aldonza Equivalente.

(Vase. Sale Doña Aldonza y Doña Hermenegilda en el gabinete.)

Doña Aldonza	¿Era hora que supiese	
	esta ventura [...] mi casa?	90
Doña Hermenegilda	La ventura, Aldonza, es mía.	
Doña Aldonza	¡Beltrán!	
Dueña	Señora, ¿qué mandas?	
Doña Aldonza	Que le quite el manto a doña	
	Hermenegilda Casaca,	
	que ya que ha sido mi dicha	95
	tal, que a aquestas horas haya	
	venido, no ha del volverse	
	sin que penitencia haga.	
Dueña (Aparte.)	(Y bien será penitencia.	
	Mira de lo que te encargas,	100
	que aún encendida no hay lumbre	
	en casa a estas horas.)	
Doña Aldonza	Calla,	
	que ella se irá, y yo he cumplido.	
Doña Hermenegilda	Fuerza es que fineza tanta	
	admita; que el venir hoy	105
	a verte tan de mañana	
	es que vengo a retraerme,	
	como a sagrado, a tu casa...	

Doña Aldonza   (¡Buena hacienda habemos hecho!)

Doña Hermenegilda   Porque estoy tan acosada   110
                      de deudas, que hasta que venga
                      una letra de Vizcaya,
                      parar no puedo en la mía.

Doña Aldonza   (El envite quiso.)

Dueña   Calla,
                      que ella se irá, y tú has cumplido.   115

Doña Aldonza   ¡Muy buena estoy para gracias!)
                      Tú seas muy bien venida...
                      ¡María!

Escudero   ¿Qué es lo que mandas?

Doña Hermenegilda   ¿Sabes lo que he reparado?

Doña Aldonza   ¿Qué, amiga?

Doña Hermenegilda   Que Beltrán llamas   120
                      a la criada, y María
                      al escudero.

Doña Aldonza   ¿Eso extrañas?
                      ¿No es autoridad que demos
                      las señoras de mi casta
                      a los criados los nombres?   125
                      Los sobrenombres les bastan.
                      Llámase doña Teresa
                      Beltrán aquella criada,

	y ese escudero don Lesmes	
	María: con que te hallas	130
	ya respondida.	
Doña Hermenegilda	Está bien.	
Doña Aldonza	Beltrán...	
Dueña	Señora...	
Doña Aldonza	¿Qué aguarda que no la quita el manto?	
Dueña	Sí.	
Doña Aldonza	María...	
Escudero	Señora...	
Doña Aldonza	Vaya a ver si por dicha hay algo de fresco en la plaza que añadir a lo ordinario.	135
Escudero	Fresco, señora, no falta, que arriera esta primavera no hay día que no le traiga.	140
(Aparte.)	(Lo que falta no es el fresco sino el refresco. No hay blanca.)	
Doña Aldonza	Si la hubiese, majadero, ¿qué hiciérades vos? La gracia de servir y merecer es, no habiéndola, buscarla.	145

169

	Empeñad algo.
Dueña (Aparte.)	(¡María!
Escudero	¿Qué dice, Beltrán?
Dueña	Que traiga
	desde el carbón a la especie
	porque no hay un sus en casa.

Empeñad algo.

Dueña (Aparte.)   (¡María!

Escudero   ¿Qué dice, Beltrán?

Dueña   Que traiga
desde el carbón a la especie
porque no hay un sus en casa.   150

Escudero   Si traeré como me dé
que empeñar alguna alhaja.

Dueña   Tome: empeñe aqueste manto.

Escudero   Con que a la tal convidada
de su brazo sus narices   155
(Vase.)   me parece que la sacan.)

Doña Hermenegilda   ¿Hay pena como deber,
Aldonza?

Doña Aldonza   Yo, al cielo gracias,
nada a estas horas, amiga,
(A la Dueña.)   debo. Mira allí quién llama.   160

(Llaman y sale un Alguacil.)

Alguacil   La señora doña Aldonza
Equivalente, ¿está en casa?

Dueña   En casa está.

Alguacil   Con licencia

	de usté.	
Doña Aldonza	¿Qué es esto? ¡Con vara hasta el gabinete!	
Alguacil	Es fuerza, que ahí fuera la parte aguarda.	165
Doña Aldonza	¿Qué parte?	
Alguacil	El casero, que a usté ejecutar me encarga por dos años de alquileres.	
Doña Aldonza	Agradezca que se halla el secretario, mi primo, a estas horas en Caracas; que si él estuviera aquí... Mas yo haré que por él vaya un correo a toda prisa. Espere y verá.	170 175

(Sale Uno con unos papeles.)

Uno	¡Ah de casa!	
Dueña	¿Quién es?	
Uno	Mi amo el mercader envía aquesta libranza, y si no se paga hoy, se ejecutará mañana.	180
Doña Aldonza	¡A una mujer, adiós vida,	

heredera en la montaña
de una casa solariega,
tal recado!

Sastre   ¿A cuándo aguarda
                     a pagarme las hechuras   185
                     usté de aquellas enaguas,
                     y cotilla y guardapié
                     que le hice?

(Sale un Francés con encaje.)

Doña Aldonza   ¡Ay desdichada!
                     ¿qué es lo que hoy me sucede?

Francés   Mal empieza esta semana.   190
                     Los encajes y las puntas
                     me vuelva si no me paga.

Doña Aldonza   Picarón ¿no veis un bando
                     que ordena que no se traigan?
                     ¡Idos de aquí, que si no...!   195

Negro   Siola, aquellas tres cajas
                     de chocolate me pague
                     [...], pues que se las di hasta
                     a doce reales, tiniendo
                     tanta parte de Guajaca.   200

Doña Aldonza   ¿Habrá pasado en el mundo
                     a otra lo que a mí me pasa?

Doña Hermenegilda   ¡Dichosa tú que no debes,
                     amiga, a estas horas nada!

(Sale el Escudero con una esportilla.)

Escudero	Bien puede vuesamerced	205
	regalar la convidada	
	que ya sobre el manto dieron	
	todas estas zarandajas.	
Doña Aldonza	¿Qué manto, infame?	
Alguacil	Señora,	
	esto va muy a la larga.	210
	Nombre usté bienes en que	
	quede, o raíces o alhajas,	
	trabada la ejecución.	
Doña Aldonza	Trabada tengas el alma.	
Uno	Sea también por mi amo	215
	en virtud de esta libranza.	
Sastre	Primero son mis hechuras.	
Negro	Primero son mis guajacas.	
Doña Aldonza	Primero es que el diablo a todos	
	lleve.	
Saludador	Dios sea en esta casa.	220
	Doña Aldonza Equivalente	
	¿vive aquí?	
Todos	Sí.	

Saludador	Pues Deo gratias.
	Perdonen vuesas mercedes
	no venir antes; que estaba
	saludando unos borregos. 225

Doña Aldonza	Aquesto solo me falta.
(Aparte.)	(¿Si debo al saludador
	algo también?) ¿Quién le manda
	preguntar por mí, ni entrar
	estas puertas?

Saludador	Ya quien rabia 230
	se conoce. ¡Luego a mí
	el semblante me engañara!
	«Santa Quiteria bendita
(Salúdala.)	te favorezca y te valga.»

Doña Aldonza	Hombre, ¿quieres que te quite 235
	dos mil vidas?

Saludador	La más clara
	señal [...] que aquesta, señores,
	(«Dios sea aquí») es del mal tocada,
	es enfurecerse al verme,
	temiendo la gratis data 240
	que Dios me dio.

Doña Aldonza	¿Cuánto va
	que te quito dos mil almas?

Doña Hermenegilda	Yo no tengo corazón,
	para ver estas desgracias.
	Deme mi manto, Beltrán. 245

174

Dueña	Le puse aquí... y de aquí falta: con tantos como han entrado...	
Doña Hermenegilda	¡Ay, mi manto!	
Doña Aldonza	Ya otra rabia más que yo: acudan allá.	
Saludador	Todo se andará si pasa adelante el mal. Tenella, si tengo de santigualla, que ya ven el homecillo con que de verme se espanta	250
Alguacil	Nunca yo, a saber que usté tenía enfermedad tan rara, viniera a esta diligencia; pero ya que aquí se halla mi piedad, acudiré a la cura... Y todos hagan	255
(Asiéndola.)	lo mismo que yo.	260
Doña Hermenegilda	¡Ay, mi manto!	
Doña Aldonza	¿Qué han de hacer?	
Todos	Asegurarla.	
Doña Aldonza	Por el hábito bendito de un tío que tuve en Malta, que a todos haga pedazos.	265
Todos	Llegue usté.	

Saludador	No se les vaya.
	¡Santa Quiteria bendita,
	te favorezca y te valga!»

Doña Aldonza	Hombre, mira que me rucias,	
	y no con azahar ni ámbar.	270

Saludador	No se queje, que el mostillo	
	no es malo para la cara.	
	«Por la insignia singular	
	que a favor del paladar	
	el cielo me quiso dar.	275
	A la orilla de aquel cedro	
	por donde iba San luan con Dominus Deo,	
	te conjuro, mal de la peste,	
	aunque me cueste lo que me cueste,	
	que no me penetres ese corazón	280
	sino que al son,	
	te vayas huyendo de mi rentintín,	
	dilín, dilín,	
	dilón, dilón,	
	pues que tocan en San Antón.»	285

Doña Aldonza	Soltad... Dejad que pedazos
	aqueste embustero haga.

(Suéltase y embiste con él.)

Saludador	¡Bravo efecto voy haciendo!
	¡Mírenla como descansa!

Doña Hermenegilda	¡Ay, mi manto!

(Salen Doña Bárbula y Casilda.)

176

Casilda	Entra.	
Doña Bárbula	No sé	290
	que sea acción cortesana	
	ni buena vecindad, seora	
	doña Aldonza, que yo haya	
	llamado al Saludador,	
	y usté le tenga en su casa,	295
	siendo yo quien necesita	
	dél.	
Casilda	Pues ies muy linda gracia	
	ir yo por él, para estarse	
	con tanta flema!	
Doña Bárbula	¿Qué aguarda?	
	Venga a saludarme a mí,	300
	que soy quien esta mañana	
	el perro quiso morder.	
Saludador	Déjeme, que eso no es nada	
	y estotro importa; que usté	
	no sabe lo que se rabia.	305
Doña Bárbula	Yo puedo aquí y en cualquiera	
	parte, rabiar con mi cara	
	descubierta.	
Todos	Ténganse.	
Doña Hermenegilda	Señores, esto no se haga	
	bulla, y mi manto parezca.	310

Doña Bárbula	Ingrata amiga, ¡aquí estabas!
	¡Quieren morderme tus perros
	a mí, y es otra a quien tratas
	traer saludador!
Doña Hermenegilda	No sé
	más que todo es gente honrada
	y mi manto no parece.
Músicos	¿Qué ruido es el que aquí anda?
Alguacil	Pues el vecino barbero,
	sin que deje su guitarra
	lo pregunta, vuesarcedes,
	vuelta la cólera en chanza
	se lo respondan cantando.
Doña Bárbula	Pues ya que queda trocada
	la ejecución en festejo,
	vaya de música.
Todos	Vaya.
Doña Aldonza	Yo, señor Saludador,
	rabio de ver que en mi casa,
	no siendo yo negra en ella,
	ella amanezca sin blanca.
Saludador	¡Ay qué bien rabia!
Músicos	¡Mas, ay qué bien rabia!
Alguacil	Yo rabio el que no hay efectos
	para mí, porque no hay causas.

315

320

325

330

Doña Hermenegilda	Yo de que sea a mi costa
	cualquiera que me regala.
Casilda	Yo rabio de que a cualquiera
	cosita rabia mi ama.
Uno	Yo de que mi amo tenga
	sus caudales en libranzas.
Saludador	¡Ay qué bien rabia!
Músicos	¡Mas, ay qué bien rabia!
Luisa	Yo rabio que mi taberna
	esté en tierra y viva en agua.
Sastre	Yo que pierdo las hechuras,
	habiendo vendido plata.
Saludador	¡Ay qué bien rabia!
Músicos	¡Mas, ay qué bien rabia!
Negro	Yo que, aunque venga la flota,
	lo mismo el cacao se valga.
Escudero	Yo rabio ser escudero,
	sin que nunca escudo traiga.
Saludador	¡Oh, qué bien rabia!
Músicos	¡Más oh qué bien rabia!

335

340

345

350

Personajes

Mozo de mulas
Cuatro hombres
Juana

El reloj y genios de la venta

(Sale Pedro, mozo de mulas, muy guapo.)

Pedro   Mete esas mulas Diaguillo,
                       mientras que yo busco a Juana
                       que es la flor de la canela,
                       pero ella sin duda canta.

(Dentro Juana, cantando.)

Juana   En llamando a la Venta   5
                         responde el gato,
                       y en diciendo izape!
                       se va mi amo.
Pedro   Muy canora está Juanilla,
                       yo también quiero ayudalla.   10
(Cantando.)   Al revés del diluvio
                         la venta es, Juana,
                       porque en ella los cuervos
                         vuelven al arca.

(Sale Juana, cantando.)

Juana   El vinagre y el vino   15
                         se han concertado,
                       y el primero que llega
                         se entra en el jarro.

Pedro   ¡Ah, señora Juana!, ucé
                       se deje ver esa cara,   20
                       que hay gente honrada en la venta.

Juana   Mucho más acá hay posada.

Pedro	Yo soy honrado y rehonrado.
Juana	Tu alma, Perico, sea honrada.
	delante de Dios, y vamos 25
	a lo de más importancia.
	¿Acomodaste las bestias?
Pedro	Cierto que eres mentecata,
	¿Pues tú dónde has visto bestias
	que no estén acomodadas? 30
	Mas dejando esto, sepamos:
	¿qué hay que cenar?
Juana	Nunca falta.
Pedro	¿Y qué tenemos? Que aquí
	no es segura la vianda,
	y debajo de otros nombres 35
	andan las cosas trocadas,
	y le llaman palomino
	al que antes fue Mosén Graja.
Juana	Pues porque sepas, Perico,
	que eso es verdad apurada, 40
	te diré puntualmente
	lo que en la venta se gasta.
	Aquí, Perico, el conejo
	en los tejados se caza,
	y puesto en el asador 45
	a los ratones espanta.
	Si se muere algún rocín
	en toda aquesta comarca,
	como él muera abintestato,

	llega el ventero, y lo embarga.	50
	El pan es membrillo cocho,	
	hijo de negro y mulata,	
	el agua es muy detenida	
	y la sal muy arrojada.	
	Los manteles son de jaspe,	55
	todos de colores varias.	
	Las camas son de Chinchón,	
	y la ropa de la Mancha.	
	Las aceitunillas son	
	de San Crispín abogadas.	60
	La vianda es de Rodrigo	
	y el vino no es de la Cava.	
	Y, finalmente, Perico,	
	el ventero que lo traza,	
	es de Lovaina su cuerpo	65
	y es del infierno su alma.	

Pedro   Aqueso, Juana, se entiende
            con los pobretes que pasan,
            mas con mozos de camino
            que son hombres de importancia,   70
            cada cosa es lo que pinta.

Juana   ¿Quién lo duda, camarada?
            Y tú, ¿qué gente has traído?

Pedro   Traigo figuras extrañas.
            Y mientras que se adereza,   75
            por reírte, has de escucharlas:
            uno hay con hipocondria,
            y otro hay que siempre habla
            de su lugar, y en su tierra
            cuanto hay en el mundo, pasa.   80

183

Y otro preciado de hacer
vestidos, y que los traza
y los guisa de buen gusto,
y de aquesto solo trata.
Otro hay que trae reloj,   85
y cada instante lo saca,
y que venga o que no venga
la hora que es nos encaja.
Pero ahora los verás,
y salgan fuera, salgan   90
para que tú los registres
y vaya de gusto.

Juana   Vaya.

Pedro   ¡Ah, señores de la tropa!
                               Mientras la cena se trata,
                               todo el mundo salga fuera.   95

(Salen cuatro: el hipocóndrico, el preciado de vestidos, el del reloj y el que habla de su lugar.)

Hipocóndrico   Como ello no haya guitarra,
                               ni música, ni alegría,
                               porque eso a mí mal me mata,
                               parlemos en hora buena.

Juana   Todos sentándose vayan.   100

Pedro   Ello no hay camas, tiéndanse a lo ancho
(Siéntanse.)   y aquí, en el duro suelo, hagamos rancho.

Juana   Yo aquí, junto a Perico, me recuesto.

184

El del reloj	¡Que un hombre con reloj ande en aquesto!
El de los vestidos	Bien hice en no traer a estos desmanes el vestidillo de los tulipanes.	105
Juana	Perdónenme, por Dios, que yo quisiera traerle a cada uno si pudiera una cama de tela aquí volando.
El de su lugar	Para camas de tela, Villalpando.	110
Pedro	Ya no puede la noche malograrse, oye, que han comenzado a calentarse.
Hipocóndrico	¿Saben ustedes que he notado hoy día que no se estima ya la hipocondría?
Juana	¡Oh, es dada solamente al entendido!	115
El de los vestidos	De hipocondría tengo yo un vestido.
Hipocóndrico	Este es un triste mal y es barbarismo decir aqueso.
El de los vestidos	Pues por eso mismo, que es una tela de un color muy triste, que vella solo da melancolía, y por eso se llama hipocondría.	120
Pedro	No se porfíe y vamos a otra cosa. Cierto que hace una noche muy famosa y las siete cabrillas muy bien puede la vista distinguillas.	125

Juana	¿Siete son?
Pedro	Siete son.
Juana	Yo imaginaba que eran seis.
Pedro	Siete son ¿no es cosa brava?

(El del reloj lo saca y pónese a mirar.)

El del reloj	Esa porfía presto se remedia, si, serán en verdad, y aún siete y media.
Pedro	¿Siete y media? ¡Jesús! ¿Qué está diciendo? 130 ¿Quién oyó desatino tan horrendo? ¿En el reloj cabrillas? ¿Es esfera?
El del reloj	Juzgué que se dudaba qué hora era, y quise vello, porque no es más cierto el Sol que este reloj que estáis mirando. 135
El de su lugar	Para eso de relojes, Villalpando.
Pedro	Ya escampa. Este es más fuerte disparate: de reír me duele ya el gaznate.
Hipocóndrico	¡Que haya en el mundo nadie que se ría! No es para todos, no, la hipocondría. 140
Pedro	Y usted, hidalgo, ¿no se ríe de ello?
Hipocóndrico	¿Aqueso un hombre honrado ha de decirme? ¡Pobre de mí! Pues ¿puedo yo reírme?

	¿Quiere que eche a perder, si me entretengo	
	veinte años de hipocóndrico que tengo?	145
	¡Que cuanto Dios me dio desperdiciara	
	porque un hijuelo mío se inclinara	
	a ésta mi enfermedad lóbrega y negra!	
	Pero es un picarillo que se alegra.	

| Pedro | Pues ¿es contra estatuto el alegrarse | 150 |
| | o es pecado mortal que usted se ría? | |

| Hipocóndrico | No es para todos, no, la hipocondría. | |

| Juana | Vea uced bailes, vea mojigangas, | |
| | perderá ese color verde y cetrino. | |

El de los vestidos	Agora que uced habla de colores,	155
	no estuvieran muy malas unas mangas,	
	así de un colorcillo alcaparrino	
	y que el aforro fuera pepinino.	

| Juana | ¿Pepinino decís? No hay quien lo entienda. | |

Pedro	No se haga, por Dios, todo contienda,	160
	sino recemos mucho aquesta noche	
	porque mañana no se vuelque el coche,	
	que a la bajada de esta cuestecilla,	
	viniendo el otro día de Sevilla,	
	torcí el coche, y milagro fue patente	165
	no despeñarme yo y toda la gente.	

| Juana | El Ángel de la Guarda anda en aqueso | |
| | y a todas horas nos está velando. | |

| El de su lugar | Para Ángeles de Guarda, Villalpando. | |

Juana (Aparte.)   No he tenido jamás noche tan buena.   170
                   Mientras se acaba de guisar la cena,
                   va de aqueso, por Dios, que es gusto oíllo.

El de los vestidos   Pues yo, guisando estoy un vestidillo
                     y de este modo. Veamos si os agrada:
                     aquí un golpe y aquí una cuchillada,   175
                     y aquí otro golpe.

(Hace una demostración en la cara de Perico.)

Pedro   ¡Pese al muy figura!

El de los vestidos   Estese quedo; y luego, prensadura.

Pedro   ¡Tome el bergante!

Juana   Aquesto paró en voces.

Pedro   Guarnezca el vestidillo destas coces.

(Dale.)

Juana   Detente, Pedro.

Pedro   Aquesto más me emperra.   180

El de su lugar   Dale, que le da al uso de mi tierra.

Pedro   Pues ¿con mi cara hacéis demostraciones?

El de los vestidos   ¡Ay si se me han quebrado los brahones!

Juana	No tenéis que cuidar, no se quebraron.
El del reloj	(Mirando el reloj.)
	En punto de las ocho os patearon. 185
El de los vestidos	Eso me irrita más, que no las coces.
Juana	Tener, y parar a dar fin a estas voces.
(Canta.)	Mozas que en la venta estáis.
Todas	¿Qué mandáis?
Pedro (Canta.)	Mozos que bailar sabéis. 190
Todos	¿Qué queréis
Pedro	Que cantando, tañendo y bailando,
	figuras tan grandes aquí celebréis.
Juana	El reloj del cochero,
	señor hidalgo, 195
	con el pie señala
	no con la mano.
Otra mujer	Diga de Villalpando
	cosas mayores.
El de su lugar	En verdad que imagino 200
	que es voto en Cortes.
Todos	En verdad que imagino
	que es voto en Cortes.

Personajes

Sacristán
Francisca
Mari López
Brígida
Josefa
[Borja]
[Músicos]

El sacristán mujer

(Sale el Sacristán tras Brígida, Dama.)

Brígida	Sacristán estantigua, ¿qué me quieres?

Sacristán estantigua, ¿qué me quieres?
Coco de las mujeres,
fosero de los más amigos,
tarasca universal de los bodigos,
tumba de honras, apura vinajeras,   5
responde, ¿qué me quieres?

Sacristán
                              Que me quieras.
Brígida, albarda mía, pues me matas,
pon en aquestos labios tus dos patas,
que serán olorosos ramilletes
si los tienes acaso con juanetes.   10
que rabio per besallos,
por ver si las deidades tienen callos.
Y pues de enmaridar te da modorra,
maridito me fecit, mi cachorra.

Brígida
El que por verme moza, bella y rica,   15
para ser su esposica
quiera echarme la garra,
ha de tañer en arpa y en guitarra,
danzar, zapatear, cantar un tono,
ser poeta in utroque y dar un como.   20

Sacristán   Vaya a Alcorcón y se le harán de barro.

Brígida   Respondéis a propósito, Don Jarro

Francisca (Dentro.)   ¡Ah de casa, abran aquí!

Borja (Dentro.)	¡Ah de casa, ábranos presto!
Josefa	¡Ábranos ya! ¿Qué se tarda? 25
Todos	¡Ábranos, ábranos luego!
Brígida	¿Qué es esto?
Sacristán	Algunos mocitos que quieren después de abiertos pretender plaza de seises en la iglesia de Toledo. 30
Brígida	¿Quién llama?
Francisca	Tres pretendientes de tu alegre casamiento.
Borja	Tres dignos opositores.
Josefa	Y tres valientes sujetos, que soy el mismo Jusquín 35 en la música.
Borja	Y yo Orfeo en el arpa.
Francisca	Y yo en el aire bailo, brinco y zapateo.
Sacristán	Pues según eso yo soy el mismo Apolo en los versos: 40 cásaste con todos cuatro.

| Brígida | Oye, señor mascafrenos,
quien me hubiere de llevar
ha de tener por sí mesmo
todas esas gracias juntas
sin ayuda. | 45 |

(Aparece entre ellos Mari López, vestida de Sacristán.)

| Mari López | Ese sum ego,
ego sum, Brígida mía,
ego sum, dulcis requiebrum,
generalis Licenciatus
in dancis, in zapateus,
in arporuni que ticatum,
in canticis et in versus.
Date mihi, michi manum blanca. | 50 |

| Sacristán | Sacristanum, quedum, quedum,
totis faciamus alardum
de graciarum. | 55 |

| Mari López | Sum contentus. |

| Sacristán | ¿Quién me llevará ventaja? |

| Mari López. | Ego cum bonete meo. |

| Sacristán | Sois un sucio. |

| Mari López | Tu mentitis. |

(Tíranse los bonetes.)

| Josefa | ¡Ténganse digo! ¿Qué es esto? | 60 |

Francisca	Con el mentís le agravió.
Sacristán	No ha estado el agravio en eso, el mentís es papasal.
Josefa	Pues ¿en qué ha estado?
Sacristán	En el meo.

Brígida	Déjense deso, y ahora den muestras de sus ingenios. Vusted haga un villancico a San Cristóbal.	65
Mari López	Lo acepto.	
Brígida	Y a San Francisco vusted.	
Sacristán	Oigan un romance vuelto de Apacible Basilisco.	70
Mari López	Venenoso es el concepto.	
Sacristán	Apacible Basilisco, mátame siempre mirando y si no puede ser siempre, mátame de cuando en cuando, que si orando el Demonio te tentó, ¿qué culpa te tengo yo? Échale la culpa a él que ligero se desagua según vuelan por el agua	75 80

tres galeotas de Argel,

Todos   Linda cosa.

Mari López   Mala cosa.
Suelto el mío, estenme atentos: 85
Cristóbal Santo, una duda
me tiene con grande asombro,
viéndoos con el Mundo al hombro
en pensarlo un hombre duda.
Aquesta mi duda es: 90
decid, santo tremebundo,
si traéis al hombro el Mundo
¿a dónde ponéis los pies?
¿Cómo el río pasaréis?
Y responde Cristóbal   95
con gran donaire,
la calcita caída,
la pierna al aire.

Todos   Vítor, vítor.

Sacristán   Cola, cola.

Mari López   Tú eres cola y colaverunt,   100
la colada y la colambre.

Sacristán   Chispa con bragas, callemos.

Josefa (Representa   Oigan de arte mayor
como ciego.)   otra que hice yo a lo mesmo:
el Santo Cristóbal estaba a la puerta   105
de la ribera del mar caudaloso,
para pasar cierto niño gracioso,

	con su bastón y capilla cubierta...	
(Toca María la bocina.)	No hay aquí ningún indio,	
	que yo soy cristiano viejo.	110

| Mari López | Lo viejo veo no más, |
| | vaya vusted prosiguiendo. |

| Josefa | Era la hora... |

| Mari López | De tercia llegada. |

| Josefa | Esa es oración de ciego. |

| Mari López | Quien solo niega... |

| Josefa | ¡Por Cristo | 115 |
| | que te ponga!... |

| Mari López | En un madero. |

| Brígida | Hagan sus habilidades, |
| | y atajen tantos rodeos. |

| Borja | Envídole con mi arpa |
| | un tanto. |

| Mari López | Quiero, y mi resto. | 120 |

Borja	Si los sones que hacéis en el arpa
	queréis que se luzcan haciendo labor,
	procurad con las manos tocarlos
(Toca el arpa.)	escarapelados, pues son en arpón.

| Mari López | ¿Quién este donaire, | 125 |

	galán, inventó?	
	Aunque otros lo hacen,	
	quizá me era yo.	
Francisca	Bullendo me están los pies	
	con el son, Brindis, mancebo.	130
Mari López	¿Quién no ha de hacer la razón	
(Zapatean los dos.)	en bebiendo el compañero?	
Todos	Vítor el Dómine, vítor.	
Sacristán	¿Hay tal desgobernamiento?	
	Lagartija almidonada,	135
	¿agora sales con eso?	
	¿No digo yo que es demonio?	
Brígida	Tomen vustedes sujetos,	
	vusted los ojos, vusted	
	la nariz, el compañero	140
	la boca, vusted las manos,	
	vusted todos cuatro intentos,	
	y todos cinco me llenen	
	esta cabeza de versos	
	y plegue a Dios que me harten.	145
Borja	A Dios, y aventura empiezo,	
	ojos...	
Mari López	Ojos que sin ser aojados	
	aclaran a ojos cerrados	
	el ojeo de un desdén,	
	aquestos ojos me den	150
	en todos mis jabonados.	

Francisca	Nariz...
Mari López	Nariz de blanco perfil que haces afrenta al marfil, hoy en tu limpieza toco que eres exenta de moco como moco de candil.

155

Josefa	Boca...
Mari López	Boca que en verte me arrobo, ¿cómo al discreto y al bobo clara te permites ver, si en queriéndote coger te vuelves boca de lobo?

160

Sacristán	Manos...
Mari López	Manos, mal despacho espero, pues en lo blanco y grosero sois con un trato infiel, para unos de papel para otros de mortero.

165

Sacristán	No nos deja resollar, ¡vive Cristo que le temo!
Mari López	Esto ha sido por vustedes que agora va mi soneto: Boca más sazonada que el arroz y más recta que un juez, blanca nariz, manos más blancas que la regaliz, y ojos más segadores que una hoz,

170

	manos que, como patas, pegan coz,	175
	ojos que echan de rayos un cahíz,	
	boca que está de zape y dice miz,	
	y nariz que la sirve de albornoz,	
	nariz con el catarro pertinaz,	
	ojos que miran sesgos cualque vez	180
	y boca que repudia el alcuzcuz.	
	Si las manos me dais en sana paz	
	como a una mona de Tetuán o Fez,	
	las morderé un poquito y haré el buz.	
Todos	¡Revítor mil veces! Suya	185
	es la moza sin remedio.	
Sacristán	¿Hay tal cólera de coplas	
	como ha echado de su cuerpo?	
	tarabilla con sotana,	
	¿cuándo escupes?	
Mari López	Cuando quiero.	190
Sacristán	¿Y cuándo quieres?	
Mari López (Escúpele.)	Ahora.	
Sacristán	Esto es agravio, per Deum,	
	pues no te lo dan y escúpeslo,	
	duende, capón, pollo, clueco.	
Brígida	Él ha de ser mi marido,	195
	que es general y discreto.	
Sacristán	General o Provincial	
	yo le pongo impedimento.	

Brígida	¿Y cuál es?
Sacristán	Que no ha cumplido con las leyes del concierto, 200 pues no nos ha dado el como.
Mari López	Este le tengo tremendo.
Sacristán	Aún peor está que estaba, con cien palos me contento.
Mari López	Es el como...
Sacristán	Dilo ya, 205 apriesa.
Mari López	Pues, ea, direlo
Sacristán	¡Dilo ya con treinta diablos!
Mari López	Que soy mujer.
Brígida	Según eso yo sola soy la del como.
Sacristán	Vive Cristo verdadero, 210 que lo quise yo decir en mirándole tan suelto. Brígida, en sede vacante eres mía de derecho.
Brígida	Vaya, que a falta de pan 215 buenas son tortas.

Juan Rana	Primo, no caigo en vos.

Caballero	¿Se os ha olvidado?	
	¡Abrazadme otra vez muy apretado!	40

(Abrázale.)

Juan Rana	Hombre, si eres mi primo como dices,
	los primos no remachan las narices.

Caballero	¡Cómo si sois mi primo! ¿Hay tal enredo?	
	Por línea recta vuestra casa heredo,	
	y si acaso morís abintestato	45
	yo soy el sucesor más inmediato.	
	¿Tenéis hijos, primillo, para verlos?	

Juan Rana	Ando tratando agora de tenerlos.
	[...] En fin, ¿vos me heredáis?

Caballero	Eso está llano.

Juan Rana	Digo que sois mi primo, y aun mi hermano.	50

Caballero	Primo...

Juan Rana (Aparte.)	¿Qué me queréis? (¡pasiones fieras!)

Caballero	Vuestra mala color, vuestras ojeras
	me dan noticias de que andáis inquieto.

Juan Rana	Estoy enamorado de secreto.

Caballero	¿Con aquesa pasión vuestro amor lucha?	55
	¿Enamorado vos?	

205

Francisca	Bailemos solemnizando la burla deste sacristán supuesto.
Músicos (Cantan.) (No saquen bonetes.)	Afuera, que sale el baile el sacristán Pedro Tierno 220 el bonete en la cabeza y en los hombres el pescuezo. Juzgándole ya marido todos le tienen por muerto, mas desta suerte le dicen 225 viendo que ha salido güero.
Sacristán	El marido y la mujer una misma cosa es.
Josefa	La doncella y el infanzón para en uno son. 230
Mari López	Con la sal de mis donaires y el picón que dando estoy, Brígida y los convidados tendrán lindo salpicón. Descubriose la maraña, 235 que llegada a conclusión, boda de dos llaves huecas no la he visto nunca yo.
Sacristán	La doncella y el infanzón para en uno son. 240

Personajes

Juan Rana
Dos Criados
Bernarda
Dos Mujeres
Un Caballero
Dos Lacayuelos
Músicos

El Toreador

(Sale Juan Rana vestido de caballero ridículo muy triste, dos Criados, dándole de vestir, y Músicos cantando.)

Música	De los desdenes de Gila ¡qué enfermo que anda Pascual! ¿Cómo ha de sanar si es ella la cura y la enfermedad?	
Juan Rana	¡Ay amor, ay deseos, ay cuidado! ¿Qué queréis de un varón enamorado? ¡Ay que bochorno el alma me penetra! No cantéis más y proseguid la letra.	5
Música	Gila es su muerte y su vida y no se la quieren dar: desdichado del que vive por ajena voluntad.	10
Juan Rana	¡Ay, que rabio de amor otra vez digo: llamadme un confesor, Dios sea conmigo!	
Criado I	Señor...	
Juan Rana	En un varón es indecencia tener dañada un punto la conciencia.	15
Criado II	¿Queréis que canten más?	
Juan Rana	¡Ira inhumana! Los músicos echad por la ventana, que cuando un gran señor está llorando no han de estar cuatro pícaros cantando.	20

	Dejadme solo.	

| Los dos | Ya te obedecemos. |

(Vanse todos.)

Juan Rana	¡Ay cuidado, ay amor! Mucho tenemos	
	que consultar los dos. Espera, aguarda.	
	¡Ay ingrata y cruel doña Bernarda!	
	¡Oh, nunca dueño ingrato,	25
	viera en las covachuelas tu retrato!	
	¡Ay, Dios mío de mi alma, que me muero	
(Llora.)	totalmente de amor!	

(Sale un Criado.)

| Criado I | [...] Un caballero | |
| | te quiere hablar y está gran prisa dando. | |

| Juan Rana | Decid que aguarde, que me estoy quejando. | 30 |

| Criado I | Él sale, detenerle ha sido en vano. | |

| Juan Rana | ¡Que aún suspirar no dejen a un cristiano! | |

(Sale uno vestido de Caballero ridículo y estale mirando un rato.)

Caballero	Primo del alma mía,	
	abrazadme esta vez en cortesía,	
	y agradecedme [...] haberos conocido.	35
	¡Jesús, primillo, lo que habéis crecido!	
	Yo me acuerdo de veros tamañito,	
	vestido a lo alemán de frailecito.	

204

Juan Rana	¿Es cosa mucha?
Caballero	Demos cuatro paseos, y decidme, por Dios vuestros deseos, que de veros tan flaco me lastimo. Pasa adelante.
Juan Rana	[...] Como digo, primo, 60 yo quiero bien a una mujer tan bella que no me falta más que conocella.
Caballero	¿Sin verlas hay quien quiera a las mujeres?
Juan Rana	Señor mío, este amor fue por poderes.
Caballero	¿Y ella es hermosa?
Juan Rana	¡Ay, primo, es muy perfecta! 65
Caballero	¿Y habeisla escrito?
Juan Rana	Sí, por la estafeta.
Caballero	¿Y es rica?
Juan Rana (Aparte.)	Tiene muebles y raíces. (¿Qué me queréis, memorias infelices?) ¡Ay, primo, que me abraso! ¡Yo estoy loco!
Caballero	[...] ¿Qué queréis?
Juan Rana	Llorar un poco. 70

Caballero	Que son congojas, Dios os las reciba.
Juan Rana	Son flatos que el amor me sube arriba.
Caballero	¿Un hombre de ese talle tiene enojos?
Juan Rana	¿Lloro yo con el talle o con los ojos?

Juan Rana
¿Lloro yo con el talle o con los ojos?
Ahora, primo, los primos concernientes   75
diz que están en un tris de ser parientes.
Yo estoy enamorado que es un juicio,
no es mucho en un señor tener un vicio;
[...] aquella hermosa fiera
en una reja dice que me espera,   80
y habéis de acompañarme aquesta noche.

Caballero   Digo que iré con vos; pongan el coche.

Juan Rana   ¿El coche?

Caballero   Sí, ¿en aqueso qué se pierde?

Juan Rana   No es posible.

Caballero   ¿Por qué?

Juan Rana   [...] Le tengo en verde.
¿Para qué es toda aquesa carambola?   85
Primo, vamos aprisa.

Caballero   Vamos.

Juan Rana   ¡Hola!
recado de rondar de la armería,
Don julio.

(Sale un Criado con un estoque largo y un broquel, el mayor que se pueda.)

Criado II   Ya le tiene aquí vusía.
                   ¿Dónde pondré el broquel?

Juan Rana   Siempre os lo acuerdo,
                   ponédmelo delante, al lado izquierdo   90

Caballero   Ea, primo, ya estamos en la calle.

Juan Rana   Primillo.

Caballero   ¿Qué decís?

Juan Rana   ¿Es alto el talle?

Caballero   Digo que sois jarifo de estatura.

Juan Rana   Eso, quiébrome yo por la cintura.

Caballero   ¿Está la casa muy lejos?   95

Juan Rana   Ya hemos llegado al balcón.

(Bernarda a la reja.)

Bernarda   Cé [...], ¿es Don Cosme Rana?

Juan Rana   Malo,
                   ¡por Dios que me conoció!
                   ¿Hay lance más apretado?

Bernarda   Don Cosme, mi bien...

208

Juan Rana	¡Ay Dios 100 que me requiebra! Yo llego aunque aventure el honor. ¿Sois doña Bernarda entera?
Bernarda	¿Y vos sois don Cosme?
Juan Rana	Soy. Llegad, primillo, más cerca, 105 reparad con atención la perspectiva, el modelo del rostro que Dios la dio.
Bernarda	Yo estoy de prisa don Cosme: no ignora vuestro valor 110 [...] que hay toros mañana.
Juan Rana	Sí, que os he alquilado un balcón.
Bernarda	Lo que habéis de hacer por mí, si es que os obliga mi amor es torear en mi nombre. 115
Juan Rana	No es posible.
Bernarda	¿Cómo no?
Juan Rana	Porque me halló con mal pulso esta mañana el Doctor.
Bernarda	Pues don Cosme ¡vive el Cielo! que esta es ya resolución: 120

o torear o perderme,
miraldo más bien, y adiós.

(Vase.)

Caballero	Cierto que habéis andado muy grosero.
Juan Rana	No pude más, a fe de caballero.
Caballero	Para no torear ¿qué os embaraza? 125
Juan Rana	Primo, yo no me siento hombre de plaza.
Caballero	Ya es ésta en vos obligación precisa.
Juan Rana	Rabiando estáis por heredarme aprisa.
Caballero	Pesado sois, por Dios, sin ser de plomo.
Juan Rana	Digo que torearé, mas no sé cómo. 130
Caballero	Lo primero, con garbo y con denuedo, es entrar por la puerta de Toledo, irse al balcón del Rey con gallardía, [...] hacerle una profunda cortesía, luego a las damas otras muy perfetas. 135
Juan Rana	Esas son cortesías con corvetas.
Caballero	Terciar la capa con gentil decoro, empuñar el rejón, salir el toro, aguardarle cubierto, darle en la nuca y izas! dejarle muerto. 140 Que aquesto hecho con modo y sin recelos

	parecerá, don Cosme, de los cielos.	
Juan Rana	Y si el toro se tarda descuidado, ¿es cosa de enviarle yo un recado?	
Caballero	¿Tenéis caballos?	
Juan Rana	Eso me desvela, no tengo más que el cisne, el valenzuela, y un rucio del que vivo satisfecho.	145
Caballero	En él haréis la entrada.	
Juan Rana	No está hecho, mas es bestia de lindos desengaños.	
Caballero	¿Qué edad?	
Juan Rana	Cumplió estas hierbas cuarenta años.	150
Caballero (Aparte.)	Vamos (hoy llevará el menguado carda).	
Juan Rana	¡Ah, lo que puede en mí doña Bernarda!	

(Vanse y salen Bernarda y dos Mujeres.)

Bernarda	Amigas, no lo creo, aunque llegamos, ¡gracias a Dios que en el balcón estamos!	
Mujer I	Día de juicio es toros en la villa.	155
Bernarda	¡Jesús, y qué penosa escalerilla!	
Mujer II	Yo vengo muerta a puros empellones.	

211

Bernarda	Yo de subir trescientos escalones.
	Amigas, aún me dura el sobresalto.
	¡Jesús, no más balcón en cuarto alto! 160
	aunque de haberle hallado estoy ufana
	porque, como sabéis, don Cosme Rana
	torea, y en aquestas ocasiones
	valen cuatro doblados los balcones.
	Los mantos os quitad, que os embarazan. 165
Mujer I	¡Qué hermosa está la plaza! Sentémonos.
Bernarda	¿Oyes? A muy buen tiempo hemos llegado.
Mujer II	¿Por qué?
Bernarda	Porque ya el Rey está sentado.
Mujer I	Ya la guardia despeja. ¡Qué bizarros!
Bernarda	El gusto, amigas, es ver regar los carros. 170
(Dentro, voces.)	¡Vítor, don Cosme!
Bernarda	Él sale, verlo es vicio.
	Amigas, hoy será día de juicio.

(Sale Cosme, con sombrero de plumas, capa corta y borceguíes y acicates largos, en un caballo de caña y dos lacayuelos delante con rejones y su primo.)

Juan Rana	Primo...
Caballero	Bizarro vais.
Juan Rana	Con gran cuidado

	tenedme un confesor asalariado,	
	que a cada suerte, confesarme quiero.	175
Caballero	Pues ¿eso ha de decir un caballero?	
Juan Rana	Puede darme, mirando mi conciencia,	
	que me suba a un tablado en penitencia.	
Caballero	¿Y la honra, el honor? ¿Eso os escucho?	
Juan Rana	Bien decís: el honor me aprieta mucho.	180
Caballero	En aqueste tablado estoy, amigo.	

(Se retira.)

| Juan Rana | Ello ha de ser, pues Dios vaya conmigo. | |

(Bájase del tablado y vase por el salón adonde está el Rey.)

Bernarda	Hacia el Rey va llegando, verle es vicio.	
Juan Rana (Al Rey.)	Señor, yo soy un toreador novicio,	
	por la Pasión de Dios, que se dé traza	185
	para que me despejen de la plaza.	
(A la Reina.)	Vos, Señora, rogádselo en secreto,	
	porque al presente estoy en grande aprieto.	
	¿Calláis? Pues me remito	
(Al Príncipe.)	a dalle un memorial al Principito.	190
	¿No me oye su merced? Pues mudo intento,	
	que tanta majestad me infunde aliento.	
	Ea, reinas, levántense vusías,	
	y a tal señor, señoras cortesías.	

(Hace sus cortesías a los Reyes, y luego a las damas, y se sube en el tablado, y hace la cortesía a Bernarda y ella se pone en pie y le hace la cortesía.)

Bernarda   Hacia el toril se va con gran reposo.   195

Mujer I   ¡Bravo toro ha salido!

(Sale el toro y se encara.)

Mujer II   ¡Qué furioso!

Caballero   Dios te libre el rigor de sus castigos.

Juan Rana   Torillo, tente acá, seamos amigos.
                        ¿No me conoces, di? Ten miramiento,
                        que soy un toreador de cumplimiento.   200

Caballero   Acometelde.

Juan Rana   No me cae en gracia.

(Acomete el toro y él echa a rodar.)

Bernarda   Echole del caballo ¡qué desgracia!

Caballero   Por un lado os mató, yo soy testigo.

Juan Rana   Debe de ser verdad. Muerto soy, digo.
                        ¡Confesión a un vizconde malogrado,   205
                        aprisa porque estoy descomulgado!

Bernarda   Don Cosme, yo os haré al momento sano
                        si conmigo os casáis.

| Juan Rana | Esta es mi mano, |
| | vuestro marido soy, por tal me entrego. |

| Bernarda | Pues levantaos, que aquese ha sido juego. | 210 |

Mujer I	Pues aquí estamos tus amigas todas,
	justo será bailar en estas bodas.
(Canta.)	Con Juan Rana Bernarda
	viva mil años,
	porque son para en uno	215
	los desposados.

Bernarda	Los rejones que saca,
	señor don Cosme,
	pocos son, pero quiebran
	los corazones.	220

Juan Rana	Yo prometo pues tengo
	tan buen principio,
	torear a los años
	del Principico.

Libros a la carta

A la carta es un servicio especializado para
empresas,
librerías,
bibliotecas,
editoriales
y centros de enseñanza;
y permite confeccionar libros que, por su formato y concepción, sirven a los
propósitos más específicos de estas instituciones.

Las empresas nos encargan ediciones personalizadas para marketing editorial
o para regalos institucionales. Y los interesados solicitan, a título personal,
ediciones antiguas, o no disponibles en el mercado; y las acompañan con
notas y comentarios críticos.

Las ediciones tienen como apoyo un libro de estilo con todo tipo de referen-
cias sobre los criterios de tratamiento tipográfico aplicados a nuestros libros
que puede ser consultado en Linkgua-ediciones.com .

Linkgua edita por encargo diferentes versiones de una misma obra con dis-
tintos tratamientos ortotipográficos (actualizaciones de carácter divulgativo de
un clásico, o versiones estrictamente fieles a la edición original de referencia).

Este servicio de ediciones a la carta le permitirá, si usted se dedica a la enseñanza, tener una forma de hacer pública su interpretación de un texto y, sobre
una versión digitalizada «base», usted podrá introducir interpretaciones del
texto fuente. Es un tópico que los profesores denuncien en clase los desmanes
de una edición, o vayan comentando errores de interpretación de un texto y
esta es una solución útil a esa necesidad del mundo académico.

Asimismo publicamos de manera sistemática, en un mismo catálogo, tesis
doctorales y actas de congresos académicos, que son distribuidas a través
de nuestra Web.

El servicio de «libros a la carta» funciona de dos formas.

1. Tenemos un fondo de libros digitalizados que usted puede personalizar en
tiradas de al menos cinco ejemplares. Estas personalizaciones pueden ser de
todo tipo: añadir notas de clase para uso de un grupo de estudiantes, introducir logos corporativos para uso con fines de marketing empresarial, etc. etc.

2. Buscamos libros descatalogados de otras editoriales y los reeditamos en tiradas cortas a petición de un cliente.